DES FAITS ÉTONNANTS

QUI

TE LAISSERONT SANS VOIX

UNE COLLECTION DE MILLE ANECDOTES SURPRENANTES SUR L'HISTOIRE, LA SCIENCE, LA CULTURE ET PLEIN D'AUTRES CHOSES

Brice Brant

Special Art

Des faits étonnants qui te laisseront sans voix

Une collection de mille anecdotes surprenantes sur l'histoire, la science, la culture et plein d'autres choses

PAPERBACK ISBN: 979-12-5553-054-1

support@specialartbooks.com
www.specialartbooks.com

Contenu

Introduction

L'univers est plein de mystères, de coïncidences folles et de merveilles scientifiques. Il existe tout un monde d'aventures qui ne demande qu'à être exploré. Si tu as commencé à lire ce livre, c'est peut-être parce que tu aimes poser des questions et que tu veux savoir comment fonctionnent les choses. T'es-tu déjà demandé ce qui se passerait si tu faisais un rot dans l'espace ? Ou quelles histoires célèbres relèvent plus de la fiction que de la réalité ? Ou s'il était possible de marcher sur l'eau ? Peut-être voudrais-tu savoir aussi de quelles choses étonnantes ton corps est capable ? Ou bien si les animaux craignent les chatouilles ? Ou bien ce qu'est le repassage extrême ? Et pour finir, savais-tu que quelqu'un a pensé que le brocoli aromatisé au chewing-gum était une bonne idée ? Toutes ces questions, et bien d'autres auxquelles tu n'as jamais pensé, trouveront une réponse dans ce livre !

Il y a tant de faits étranges et extraordinaires à découvrir sur notre univers. Tu seras surpris par toutes les choses étonnantes que tu apprendras dans ce livre. Certaines te choqueront, d'autres te feront rire aux éclats, et les plus dégoûtantes et dérangeantes te feront froncer le nez ! Étonne tes amis, ta famille et tes professeurs avec tous les faits insolites que tu découvriras sur l'histoire, la science, les animaux, la géographie, l'espace, notre incroyable planète, la culture pop, les sports et bien d'autres choses encore. Tu es prêt pour le grand départ ? Alors, accroche-toi bien et commençons un extraordinaire voyage !

L'histoire, un plongeon dans le passé

Il était une fois sur Terre

- Au XVIIe siècle, les bulbes de tulipes aux Pays-Bas avaient une telle valeur qu'ils étaient utilisés comme monnaie d'échange et leur valeur était souvent supérieure à celle d'une maison à Amsterdam. Cette période est connue sous le nom de "Tulipomanie".

- L'ADN a été découvert par le biochimiste suisse Friedrich Miescher en 1869, mais ce n'est que dans les années 1940 que des scientifiques se sont rendus compte, grâce aux expériences d'Oswald Avery notamment, que l'ADN contenait le modèle génétique humain. De nombreux scientifiques pensaient en effet qu'il était chimiquement trop simple pour être le matériel génétique.

- Un soldat japonais du nom de Hiroo Onoda ne savait pas que la Seconde Guerre mondiale avait pris fin en 1945. Il ne l'a compris qu'en 1974. En effet, il avait été entraîné à ne jamais se rendre à l'ennemi. Lorsque le Japon a capitulé en 1945, Onoda a cru qu'il s'agissait d'un canular ou d'une stratégie de l'ennemi, et il a continué à vivre dans la jungle où il avait été affecté, persuadé que la guerre continuait. Des avions ont largué des tracts dans la jungle pour lui annoncer la fin de la guerre, mais Onoda n'y a pas cru non plus ! Il pensait que ces tracts étaient de la propagande de l'ennemi. Pendant des années, Onoda et trois autres soldats ont survécu grâce à des bananes et des noix de coco en se cachant dans des grottes. En 1959, on l'a finalement officiellement déclaré mort, car personne ne savait où il se trouvait. Il a vécu dans la jungle pendant près de 30 ans, jusqu'à ce qu'il soit retrouvé en 1974.

- Les Grecs de l'Antiquité croyaient que les personnes rousses devenaient des vampires après leur mort. Pourquoi croyaient-ils une chose aussi absurde ? Parce que, dans la Grèce antique, les gens avaient généralement la peau brune et les cheveux foncés. Les personnes rousses, en revanche, avaient la peau claire et étaient sensibles à la lumière du soleil, ce qui leur donnait, aux yeux des Grecs, une apparence suspecte de... vampire ! Ils ont donc décidé que la seule conclusion logique était que ces personnes devaient devenir des vampires une fois qu'elles étaient mortes !

- Le drapeau actuel des États-Unis a été dessiné par un jeune homme de 17 ans. Il s'appelait Robert G. Heft et l'a créé en 1958 pour un projet scolaire, en incluant deux étoiles de plus que le nombre d'États de l'époque, car il était sûr qu'Hawaï et l'Alaska rejoindraient un jour les États-Unis. Et il avait raison ! Malheureusement, il n'a obtenu qu'un B moins pour ce travail, ce qui correspond à un 13/20. Je parie que son professeur a dû se sentir un peu ridicule après coup. Malgré cette note, Heft n'a pas abandonné. Il a envoyé son dessin à la Maison-Blanche et a finalement été appelé par le président Eisenhower en personne. Le président lui a annoncé que son dessin deviendrait le drapeau officiel des USA, à partir de ce jour-là. Ne sois donc pas trop contrarié si tu obtiens une note pas trop bonne !

- L'université de Bologne est bien plus ancienne que l'empire aztèque. Elle a ouvert ses portes à ses étudiants en 1088. En effet, l'Alma Mater Studiorum est considérée par de nombreuses sources comme la plus ancienne université du monde encore en activité. Le célèbre empire aztèque, quant à lui, aurait été fondé vers 1325. Tous deux sont très anciens, mais l'université de Bologne l'est encore plus !

- Il fut un temps où certaines personnes servaient de réveil. Eh oui... Avant l'invention du téléphone portable ou du réveil, il y avait des gens dont le métier consistait à frapper à la porte ou à la fenêtre de quelqu'un pour le réveiller. Ces personnes étaient appelées des "heurtoirs" et elles utilisaient de longs bâtons pour atteindre les hautes fenêtres et réveiller leurs clients. Parfois, les heurtoirs lançaient même des cailloux ou des pois sur les fenêtres ! En ce temps-là, on pouvait engager quelqu'un comme réveille-matin personnel, mais malheureusement il n'était pas possible d'appuyer sur un bouton pour l'arrêter !

- Pendant la Première Guerre mondiale, les Français avaient construit un faux Paris pour tromper les bombardiers allemands. Nous sommes en 1917 et les combats intenses de la ligne de front se rapprochent dangereusement de la ville. L'armée allemande envoie des bombardiers durant la nuit pour mener des attaques-surprises sur la population. C'est une période effrayante pour la capitale française ! Mais un ingénieur italien, Fernand Jacopozzi, imagine un plan ingénieux. Il propose aux Parisiens de construire un second Paris, une fausse ville, pour tromper les bombardiers allemands.

- Le mot "freelancer" vient de "mercenary warrior", qui veut dire mercenaire, c'est-à-dire un soldat qui est payé pour combattre sur commande. Les freelances étaient des "lances libres" qui offraient leur lance, ou leur épée, au souverain qui les payait le mieux. De nos jours, le terme "freelance" désigne une personne qui travaille pour quelqu'un sans avoir de relation de dépendance avec son client.

- Il existe un record du monde pour celle ou celui qui détient le plus grand nombre de records du monde. Oui, tu as bien lu. Cet homme s'appelle Ashrita Furman. Il a battu plus de 600 records du monde et en détient actuellement 200. Enfant, il était passionné par les records du monde et a décidé d'en battre quelques-uns. Il est ainsi devenu le détenteur de records tels que "le kilomètre le plus rapide sur un pogo stick" (un pogo stick est un bâton de saut), ou bien "le temps le plus long passé à faire du hula-hoop sous l'eau". Ce ne sont là que quelques-uns des centaines de records qu'il a battus !

- Le Titanic aurait pu être sauvé par une clé. Le transatlantique a heurté un iceberg et a coulé. Cette terrible tragédie est bien connue. Pourtant, l'accident aurait pu être évité si quelqu'un avait simplement utilisé des jumelles. Il y avait bien des jumelles à bord, mais elles étaient enfermées dans le nid-de-pie, le point le plus élevé du navire. Et la seule personne possédant les clés n'étant pas à bord du navire, personne n'a pu prendre les jumelles et repérer l'iceberg avant que le Titanic ne s'en approche de trop. Qui aurait pensé qu'une petite clé aurait pu sauver des centaines de personnes d'une tragédie ?

- Il n'a jamais été dit que le Titanic était insubmersible. Lorsqu'ils rapportent des histoires sur le Titanic, les conteurs n'oublient jamais la blague sur l'insubmersibilité du tristement célèbre navire. Pourtant, les concepteurs du paquebot n'ont jamais prétendu cela ! De plus, jusqu'à son naufrage, la majorité de la population n'avait jamais entendu parler du Titanic.

- L'un des concepteurs du Titanic était à bord lorsque le paquebot a coulé. Son projet original comprenait des schémas d'éléments du navire qui auraient permis de sauver des centaines de vies, mais les autres concepteurs ainsi que les propriétaires ont refusé de les utiliser. Il a dû les maudire !

- Tu as peut-être déjà vu des dessins des Pères Pèlerins qui, fuyant les persécutions en Europe, sont arrivés aux États-Unis le jour du premier Thanksgiving, en novembre 1621. Comment s'habillaient-ils ? Peut-être as-tu cru qu'ils portaient un grand chapeau noir avec une grosse boucle en métal ! Et bien pas du tout. Bien que les images populaires les représentent ainsi, les Pères Pèlerins n'ont commencé à porter ce type de chapeau que dans les années 1800, bien après le premier Thanksgiving.

- La Nouvelle-Zélande a été le premier pays au monde à reconnaître le droit de vote des femmes aux élections générales en septembre 1893. Sais-tu que le droit de vote des femmes n'a été obtenu en Suisse qu'en 1971 et en Arabie saoudite en 2015 ? Parfois, le chemin à parcourir se fait lentement.

- Pendant la Grande Dépression des années 1930, qui a concerné le monde entier, les gens s'habillaient souvent avec des sacs de farine. Les entreprises qui les distribuaient ont donc décidé de les rendre plus seyants et plus colorés. Ah, quelle belle idée ! Mais j'ai du mal à imaginer qu'un sac de farine puisse être confortable à porter !

- Même les Romains de l'Antiquité allaient chez le dentiste ! Nos ancêtres étaient capables de construire des bridges rudimentaires qui leur permettaient de retrouver l'usage de leurs dents. Les "médecins" qui s'occupaient des dents utilisaient des pinces et un instrument appelé "tenaculum", une sorte de pince qui permettait d'extraire une dent avec sa racine.

- Les cow-boys du Far West ne portaient pas de chapeaux de cow-boys. Les films mentent ! Apparemment, ils préféraient des chapeaux melon plus petits et plus simples. En revanche, ils portaient bien les fameuses bottes que nous voyons dans les films. En plus, comme ils travaillaient dur, ils portaient des bottes simples lorsqu'ils travaillaient et des bottes finement décorées lorsqu'ils allaient en ville.

- Le bruit le plus fort jamais entendu dans l'histoire est celui de l'éruption volcanique du Krakatoa en 1883. On raconte que les explosions étaient si violentes qu'elles étaient entendues jusqu'à Batavia, un village situé à 130 kilomètres de là. Heureusement, l'île où se trouve le Krakatoa était inhabitée et personne n'a été blessé. Mais les habitants de Batavia ont entendu des bruits assourdissants. Les portes des maisons ont tremblé et les objets ont vibré pendant tout le temps de l'éruption !

- Les élections dans la Cité du Vatican sont la prérogative exclusive des hommes. Dans l'Église, en effet, les femmes ne sont pas autorisées à accéder aux postes institutionnels et, malgré l'ouverture du pape François, au début des années 2000, il ne semble pas que cela change pour le moment.

- Les Grecs de l'Antiquité utilisaient une méthode de vote appelée "ostracisme", qui permettait aux citoyens de bannir, ou non, l'un de leurs concitoyens pour une période de dix ans. Ce processus visait à empêcher une personne de devenir trop puissante et de menacer la stabilité de la cité.

- Les médecins utilisaient autrefois des sangsues pour soigner les patients malades. Cette pratique, appelée "saignée", remonte à la Grèce antique et à l'Égypte ancienne. Les médecins pensaient que les maladies venaient de problèmes sanguins. Ils utilisaient des sangsues pour extraire une certaine quantité de sang de leurs patients. L'hirudothérapie, c'est le nom de cette méthode, est encore utilisée en milieu médical.

- L'Allemagne découvre environ 2 000 tonnes de bombes non explosées par an. Entre 1940 et 1945, les forces aériennes américaines et britanniques ont largué environ 2,7 millions de tonnes de bombes sur l'Europe, principalement sur l'Allemagne. Aujourd'hui encore, on trouve des bombes non explosées dans des zones résidentielles. Lorsqu'on découvre une bombe, les gens doivent évacuer les lieux, car c'est dangereux. La bombe est ensuite désamorcée et emportée par des experts.

- Sais-tu d'où vient le mot châtaigne ? On lui donne plusieurs origines, mais la plus intéressante est la légende de la nymphe Néa qui refusa les avances de Jupiter, le maître des dieux, chez les Romains. Néa préféra mourir. Pour se venger, Jupiter la transforma en un "Casta Néa" (la chaste Néa), un châtaignier dont les fruits sont hérissés de piquants.

- En 1952 s'est produit un phénomène connu sous le nom de "Grand Smog de Londres" et de nombreuses personnes ont eu du mal à retrouver leur chemin à travers l'épais brouillard qui planait sur les rues ! Ce sont les personnes aveugles qui ont aidé les voyants à retrouver leur maison. Pour ces gens, habitués à ne pas voir, c'était un jour comme les autres.

- Avant le XXe siècle, les garçons étaient habillés en rose et les filles en bleu. En effet, le rose était une version plus claire du rouge, associé à la colère et à la guerre. Le bleu clair, qui était considéré comme une couleur douce et délicate, était attribué aux filles.

- Dans la Chine ancienne, il existait une pratique appelée *chanzu,* qui signifie littéralement ligature des pieds. Les femmes se bandaient les pieds pour les empêcher de grandir. Ils étaient tellement serrés dans les bandages qu'ils restaient petits, ce qui les gênait beaucoup pour marcher. Les pieds bandés étaient un symbole de statut social, car les femmes de l'aristocratie n'avaient pas besoin de marcher. En plus, les très petits pieds étaient considérés comme un signe de beauté.

- Sais-tu que le château de Versailles, en France, était à l'origine, en 1624, un pavillon de chasse destiné au roi Louis XIII ? Ce n'est que lorsque Louis XIV l'a fait agrandir pour en faire un immense palais à la fin du XVIIe siècle qu'il est devenu le symbole de la monarchie absolue et des extravagances royales pour lesquelles ce château est connu aujourd'hui.

- En 120 avant notre ère, un souverain nommé Mithridate VI craignait tellement d'être empoisonné qu'il prenait de petites doses de poison tous les jours pour développer une immunité. Cela a duré des années. N'essaie pas de faire ça ! Lorsque Mithridate a été capturé par ses ennemis, les Romains, il a tenté de se suicider avec ce poison, mais il n'a pas réussi parce qu'il était effectivement immunisé. Son plan s'est retourné contre lui.

- La plus ancienne "publicité" connue remonte à 3000 ans avant notre ère, et a été trouvée dans les ruines de Thèbes. Il s'agissait d'une annonce publique promettant une pièce d'or à quiconque retrouverait un esclave en fuite nommé Shem. On ne sait pas si ce pauvre esclave s'en est sorti. On l'espère pour lui.

- Une tablette d'argile vieille de plus de 4000 ans a été retrouvée, mais ce n'est pas son âge qui est intéressant. Apparemment, il s'agit d'une plainte d'un client concernant une mauvaise livraison de cuivre et une demande de remboursement. Le service à la clientèle a toujours été un métier difficile !

- Des projectiles destinés aux frondes de la Rome antique ont été retrouvés avec une inscription "ΔΕΞΑΙ" qui signifie à peu près "Prends ça". D'autres traductions pourraient être "aïe" ou "ceci t'appartient". Ces objets ont plus de deux mille ans et on peut dire que ceux qui les ont fabriqués avaient un surprenant sens de l'humour ! Preuve que l'humanité a toujours été un peu moqueuse.

- À l'époque victorienne, les médecins assuraient souvent que la barbe était un moyen de garder les hommes en bonne santé. Ils pensaient qu'une barbe bien fournie agissait comme un filtre qui retenait les particules nocives donnant des maladies afin qu'elles ne pénètrent pas dans l'organisme. Les hommes étaient donc encouragés à se laisser pousser la barbe.

- Lorsque le parti nazi a commencé à brûler des livres, il a brûlé entre autres un ouvrage de 1821 de Heinrich Heine qui contenait la célèbre phrase : "Là où l'on brûle les livres, on finit par brûler les hommes." Cette phrase s'est révélée être d'une ironie et d'une tragique justesse.

- Des oignons ont été retrouvés dans les yeux des momies de pharaons égyptiens. En effet, dans l'Égypte ancienne, on vénérait les oignons, leurs peaux et leurs anneaux étant censés représenter la vie éternelle. En plaçant des oignons dans les yeux des pharaons, les anciens espéraient donc qu'ils vivraient éternellement.

- En 1933, le Civilian Conservation Corps avait planté trois milliards d'arbres aux États-Unis. En effet, des millions d'arbres avaient été perdus, au fil des ans, en raison du développement industriel. On est contents de savoir qu'en compensation, quelque trois milliards d'arbres avaient été plantés.

- La pièce de monnaie la plus chère au monde est le Double Eagle de 1933, une pièce d'or de 20 dollars américains. Cependant, ces pièces n'ont jamais été mises en circulation et la plupart d'entre elles ont été détruites. Il en resterait neuf, dont une a été vendue en 2002 pour 7 590 020 dollars.

- À l'origine, les parapluies étaient réservés aux femmes. Il s'agissait de petits parapluies décorés, que l'on nommait aussi ombrelles et que les hommes avaient honte d'utiliser. Ils préféraient être mouillés ! Jusqu'à ce qu'un homme ait le courage de dire "Au diable tout cela !" et qu'il commence à utiliser un parapluie. Rapidement, tous les hommes ont compris que c'était très efficace pour se protéger de la pluie.

- Une femme qui avait perdu son alliance l'a retrouvée 16 ans plus tard sur une carotte dans son jardin. La seule explication est qu'elle avait perdu l'anneau dans un sac de compost où il y avait probablement des graines de carottes. Finalement, une de ces graines a poussé avec l'anneau autour de la carotte. Quelle chance !

- Un hôtel de La Nouvelle-Orléans a offert un séjour de 15 000 dollars à la personne qui parviendrait à voler l'objet "le plus scandaleux" de l'hôtel. Je ne sais pas si quelqu'un a gagné le prix, mais c'est un concours plutôt étrange… pourquoi encourager des clients à voler dans votre entreprise ? En tout cas c'est un bien un joli coup marketing !

- Des choses vraiment absurdes peuvent être vendues sur Internet. C'est le cas d'un flocon de maïs ayant la forme de l'État de l'Illinois qui a été vendu sur eBay pour la somme astronomique de 1 350 dollars. Imaginez le coût de la boîte entière !

- Il était une fois une entreprise de biscuits porte-bonheur (en anglais on appelle ça des "fortune cookies") qui avait réussi à prédire les numéros gagnants d'une loterie. Cela s'est passé en 2005 et l'entreprise a vraiment deviné les numéros au hasard. Cela a porté chance à 110 personnes qui ont gagné à la loterie.

- Tu as probablement entendu la phrase "Rome ne s'est pas construite en un jour". Cette expression est utilisée pour dire que des projets extraordinaires ont besoin de temps pour être réalisés. Mais combien de temps a-t-il fallu pour construire Rome ? Les historiens estiment qu'il a fallu environ 1 009 491 jours !

- L'origine du mariage est si ancienne que les historiens s'accordent à dire qu'elle est antérieure à l'histoire écrite. Les premières traces d'une cérémonie de mariage remontent à environ 2350 ans avant notre ère, en Mésopotamie.

Célébrités

- Abraham Lincoln était un champion de lutte. Oui, le XVIe président des États-Unis pratiquait cet art pendant son temps libre. Il perdait rarement et une seule défaite a été enregistrée durant des décennies ! En 1992, il a été officiellement reconnu par le National Wrestling Hall of Fame comme un "Américain exceptionnel". Peux-tu imaginer défier un président à la lutte ?

- Thomas Jefferson s'est un jour cassé le poignet en essayant d'impressionner une fille. Il a essayé de sauter une barrière à Paris, devant une femme nommée Maria Cosway, dont il était amoureux. Nous le savons parce que William Franklin, fils de Benjamin Franklin, a relaté l'incident. Jusqu'à la fin de sa vie, Jefferson a souffert de douleurs au poignet et il a même eu du mal à écrire pendant un certain temps. Que ne fait-on pas par amour ! Malheureusement, Maria Cosway était déjà mariée et le pauvre Jefferson n'a jamais eu l'occasion de l'épouser.

- Il est probable que Marie-Antoinette n'a jamais dit "Qu'ils mangent de la brioche". L'histoire est la suivante. Alors que les Français mouraient de faim et se plaignaient de ne pas avoir de pain, la reine Marie-Antoinette aurait dit : "Qu'ils mangent de la brioche". Cette phrase a provoqué un tollé dans le peuple qui trouvait la reine insensible et cruelle. Mais cette histoire est peut-être fausse ! Cette fameuse phrase aurait été citée bien avant la Révolution française et dans plusieurs pays. On la trouve dans un livre qui a été édité alors que Marie-Antoinette n'avait que cinq ans ! Cette phrase ne peut donc pas lui être attribuée et il n'existe aucune preuve historique qu'elle l'a prononcée.

- Christophe Colomb a découvert les Amériques par erreur ! En réalité, il essayait de trouver les Indes orientales. C'était le terme utilisé à l'époque pour désigner les parties de l'Asie proches de l'océan Indien. C'est pourquoi les Amérindiens furent appelés des Indiens. Christophe Colomb est mort sans s'être rendu compte de son erreur !

- Sais-tu que Christophe Colomb n'a pas été le premier à découvrir l'Amérique, comme il nous est encore — parfois — enseigné à l'école ? En réalité, ce sont des Vikings qui ont débarqué les premiers sur les côtes américaines. Cette découverte est attribuée à Leif Eriksson, né en Islande et ayant grandi au Groenland. Vers l'an 1000, près de 500 ans avant Christophe Colomb, Eriksson s'est écarté de sa route en revenant de Norvège, bien que certains récits affirment qu'il ne s'agissait pas d'un hasard. Nous ne savons pas exactement comment cela s'est passé, mais nous savons que Leif Eriksson a fini par accoster sur le rivage de ce qui est aujourd'hui le Canada. Leif ne semblait pas très enthousiaste à propos de sa découverte, il trouvait le paysage extrêmement ennuyeux, à tel point qu'il baptisa la nouvelle terre Helluland, ce qui signifie "Pays des dalles de pierre" en vieux norrois, la langue qu'il parlait.

- Les frères Orville et Wilbur Wright, inventeurs du premier avion à moteur, n'ont volé ensemble qu'une seule fois. Ils se sont promis par la suite de ne plus jamais voler ensemble, car, en cas d'accident, ils pourraient tous deux être blessés ou tués.

- En 1954, l'écrivain Ernest Hemingway a eu deux accidents d'avion au cours des mêmes vacances, à seulement deux jours d'intervalle ! Heureusement, il a survécu aux deux. Mais en fait, Hemingway a frôlé la mort à plusieurs reprises. Apparemment, il a aussi été blessé alors qu'il combattait un requin. Je ne sais pas comment il a fait, mais après tout, il s'agit d'Hemingway, l'un des auteurs américains les plus aventureux de tous les temps.

- Les carnets de Marie Curie sont radioactifs. Marie Curie est connue comme la "mère de la physique moderne". Elle a été la première femme à recevoir un prix Nobel, grâce à ses découvertes dans le domaine de la physique, mais elle est malheureusement décédée en 1934 d'une maladie appelée anémie aplasique. Il s'agit d'une maladie très rare causée par des radiations. Elle travaillait essentiellement avec des matériaux radioactifs, ce qui fait que tout ce qu'elle possédait était radioactif. Ses livres, ses vêtements, ses meubles et ses notes de laboratoire sont stockés dans des boîtes en plomb, pour que personne ne puisse les manipuler.

- La reine Élisabeth II était une mécanicienne accomplie. Sais-tu que, durant la Seconde Guerre mondiale, la future reine a servi comme second subalterne, c'est-à-dire sous-lieutenant, dans la branche féminine de l'armée ? Il existe des photos d'elle travaillant sur des voitures, en tant que mécanicien automobile. De plus, à l'âge de 18 ans, elle s'était enrôlée dans le service auxiliaire féminin de l'armée britannique, pour suivre une formation d'infirmière.

- Si tu participes à un concours de sosies en tant que sosie de toi-même, tu penses certainement que tu ne pourrais pas perdre ? C'est pourtant ce qui est arrivé à Charlie Chaplin ! Il a participé un jour à un concours de sosies de Charlie Chaplin et n'a obtenu que la 20e place ! Certainement parce qu'il n'avait pas son célèbre chapeau ni sa moustache. Logique n'est-ce pas ?

- Richard Nixon, le 37e président des États-Unis, était un musicien talentueux. C'est un fait peu connu. Il jouait de cinq instruments, du piano, de la clarinette, du saxophone, du violon et de l'accordéon.

- Il semble que Sanzio, le célèbre peintre de la Renaissance connu sous son prénom de Raphaël, était un peu hypocondriaque et que, par peur de tomber malade, il tenait un journal de ce qu'il mangeait dans lequel il notait tout ce qu'il ingurgitait.

- Beethoven étant sourd, comment parvenait-il à composer sa musique ? Eh bien, il avait trouvé une solution créative à ce problème ! Il mordait une tige de métal fixée au piano, ou bien posait cette tige sur sa jambe. Cela lui permettait de ressentir les vibrations de l'instrument qu'il utilisait pour composer ses magnifiques morceaux.

- Parlons encore d'artistes, mais faisons un saut dans le temps. Sais-tu que Lady Gaga a écrit deux de ses chansons les plus célèbres, "Born This Way" et "Just Dance", en seulement dix minutes ?

- Beaucoup pensent que Cléopâtre VI était égyptienne parce qu'elle a été la dernière reine d'Égypte. Or, d'après les historiens, Cléopâtre était d'origine grecque. Cela n'est pas surprenant, car elle faisait partie de la dynastie des Ptolémée, qui était d'origine grecque et gouvernait depuis Alexandrie.

- Jeanne d'Arc aurait inspiré une nouvelle tendance. L'histoire raconte qu'elle a un jour coupé ses cheveux parce que des voix le lui avaient demandé, avant de partir au combat contre les Anglais. C'est de là qu'est née la fameuse coupe au carré. Ainsi, lorsqu'une personne arbore une élégante coupe courte, elle suit un peu les traces de Jeanne d'Arc.

- Toujours à propos de Jeanne d'Arc, l'histoire des voix qu'elle entendait est très étrange. Certains médecins modernes lui diagnostiquent aujourd'hui une possible schizophrénie. Vers l'âge de douze ans, Jeanne commence à entendre des voix et à avoir des visions, qu'elle interprète comme des signes divins. Ces voix lui ordonnent de se battre pour son pays et de défendre la France des envahisseurs anglais. C'est ce qu'elle a fait !

- As-tu déjà entendu parler de Winston Churchill ? Premier ministre du Royaume-Uni dans les années 1940, il était connu pour ses mauvaises habitudes. Apparemment, Churchill fumait entre huit et dix cigares par jour. Pourtant, il a vécu jusqu'à l'âge de 90 ans !

- Un scientifique nommé Jon Snow est devenu le père de l'épidémiologie moderne après avoir prouvé que l'eau était à l'origine de nombreuses maladies, comme le choléra. Cela s'est passé en 1850 à Londres. Jusqu'alors, la plupart des gens pensaient que les maladies étaient causées par le mauvais air.

❍ Sais-tu que le président américain Ronald Reagan était un excellent maître-nageur qui a sauvé 77 personnes de la noyade ? Pas toutes en même temps, bien sûr, mais dans le cadre de ses fonctions de maître-nageur. Il aurait sauvé toutes ces personnes de la noyade dans les eaux de la rivière Rock, dans sa ville natale de Dixon, Illinois.

❍ Quand tu penses à un génie, quel nom te vient à l'esprit ? Je parie qu'il s'agit d'Albert Einstein ! Il faut savoir que le physicien allemand était dyslexique et avait une très mauvaise mémoire ! Néanmoins, le magazine TIME l'a nommé "personne du siècle" en 1999.

❍ Le pirate le plus prolifique de l'histoire était une femme. Elle s'appelait Ching Shih, ou Zheng Shi, et contrôlait la tristement célèbre flotte du Drapeau Rouge. Nous ne savons pas grand-chose de sa vie avant qu'elle ne devienne pirate, mais les historiens assurent que c'était une femme forte et indépendante ! Elle a épousé un pirate nommé Zheng Yi, qui commandait la flotte du Drapeau Rouge. Quand celui-ci, voyant sa beauté, voulut en faire sa femme, Ching Shih répondit : "Je t'épouserai, si et seulement si je peux commander ta flotte de pirates avec toi." Personne ne sait exactement ce qu'elle lui dit, mais cela te donne l'idée générale. En fin de compte, sous son commandement, la flotte est passée de 200 à environ 1 700 navires ! Elle comptait environ 60 000 hommes. Cela faisait beaucoup de pirates féroces à gérer, mais Ching Shih y est parvenue !

❍ En plus d'être l'un des plus terribles dictateurs de l'histoire, Hitler était aussi un artiste en herbe. Il aimait la peinture et il s'y est consacré pendant une décennie à partir de 1904. Cependant, il a échoué à deux reprises à l'Académie des beaux-arts de Vienne et a dû abandonner. Après la guerre, ses peintures inspirées principalement du classicisme gréco-romain, de la Renaissance italienne et du néo-classicisme ont été vendues pour des dizaines de milliers de dollars.

❍ Pocahontas n'est jamais tombée amoureuse de John Smith. L'histoire d'amour que nous connaissons grâce au film de Disney n'a jamais eu lieu. John Smith n'est resté que deux ans en Virginie où il a rencontré Pocahontas. John écrit que le père de la jeune Indienne, qui était aussi le chef de la tribu, voulait l'exécuter, mais que Pocahontas l'aurait sauvé. Cependant, John Smith ne parle absolument pas d'une quelconque romance entre eux.

- La première femme maire des États-Unis n'a été inscrite sur le bulletin de vote qu'à titre de plaisanterie. Elle s'appelait Susanna Salter et était connue pour son caractère bien trempé. Certains hommes de sa ville d'Argonia, au Kansas, l'ont inscrite sur le bulletin en vue de l'élection du maire pour s'amuser. Cependant, Susanna a été élue et est donc devenue le nouveau maire ! Comme quoi, une plaisanterie peut avoir un résultat surprenant.

Les animaux qui ont marqué l'histoire

- Dans l'Égypte ancienne, les chats étaient considérés comme des êtres spéciaux et traités comme des divinités. Si quelqu'un blessait ou tuait un chat, même par accident, il pouvait être puni très sévèrement. Les chats étaient donc très importants et appréciés dans toute l'Égypte.

- Le plus grand oiseau qui ait jamais existé avait une envergure d'environ six mètres et vivait il y a 60 millions d'années. On l'a appelé Pelagornis Sandersi et il était deux fois plus grand que n'importe quel oiseau actuel. Peux-tu imaginer en voir un dans le ciel ? Il ressemblerait presque à un avion !

- Le lieu où Jules César a été assassiné est aujourd'hui un sanctuaire pour chats. Il s'agit de la Torre Argentina, dans le centre de la ville de Rome, et il est possible de rendre visite aux chats et même d'en adopter ! Une très belle façon de faire oublier un assassinat.

- Au Selwyn College de Cambridge, les chiens sont interdits. Cependant, un teckel aurait trouvé une échappatoire au règlement ! Il se nomme Yoyo et il est officiellement décrit comme étant “un très gros chat”. Je ne sais pas comment son propriétaire s'y est pris.

- Un Allemand nommé Alexander von Humboldt a appris une langue qui n'avait pas été utilisée depuis des années. Comment a-t-il fait ? Grâce à un perroquet ! Alors qu'il voyageait dans la jungle vénézuélienne, Humboldt s'est arrêté dans une tribu où il y avait beaucoup de perroquets. Il a remarqué que l'un d'eux semblait parler une langue différente. Il lui a alors été dit que l'oiseau appartenait à une tribu voisine qui s'était éteinte. Après avoir parlé avec le perroquet, Humboldt a enregistré 40 mots et a réussi à empêcher la disparition de cette langue !

- Le pape Grégoire IV a un jour déclaré, en Italie, la guerre aux chats ! Ce pape du XIIIe siècle pensait que les chats noirs étaient des agents du diable et il a donc décrété qu'ils devaient être exterminés jusqu'au dernier. Cependant, la réduction de la population de chats a entraîné l'augmentation de la population des rats porteurs de maladies ! Son aversion pour nos amis félins s'est donc retournée contre lui. Il devait préférer les chiens !

- Un cheval a failli devenir consul dans la Rome antique ! Un consul avait un rang politique très important. L'empereur Caligula aimait tellement son cheval, Incitatus, qu'il a essayé de le nommer consul. Peut-être Caligula était-il un peu fou, ou peut-être se moquait-il simplement de tous les consuls, en affirmant que son cheval pouvait faire un meilleur travail qu'eux ? Qui sait peut-être aurait-il été un bon politicien ?

- Pendant la Seconde Guerre mondiale, les soldats polonais ont intégré un ours à leur unité. La 22e compagnie de transport de la division d'artillerie du 2e corps polonais avait trouvé un ours de 200 à 300 kg qu'elle avait baptisé Wojtek. Il est devenu l'animal de compagnie des soldats et leur a remonté le moral, faisant le bonheur de tous ceux qui l'entouraient ! Wojtek a certainement fait son devoir dans l'armée avec dignité.

- Mickey Mouse n'a pas été dessiné par Walt Disney. La souris était son idée, mais ce n'est pas Walt qui a donné naissance à ce personnage emblématique. C'est Ub Iwerks qu'il faut remercier ! Iwerks a été à un moment donné le chef animateur et le meilleur ami de Walt Disney, avec qui il avait travaillé sur plusieurs projets au fil des ans. Ainsi, lorsque tu regardes Mickey Mouse, tu regardes l'œuvre d'Ub Iwerks !

- Les Égyptiens de l'époque antique pensaient que les dieux pouvaient s'incarner dans certains animaux et ils les embaumaient comme s'il s'agissait de personnes. Les musées conservent diverses momies de bousiers, de chats, de taureaux, de crocodiles, etc.

- Un célèbre chef amérindien aimait tellement son cheval que l'on raconte qu'il a été enterré, assis dessus. Il s'appelait Crazy Horse, ce qui est tout à fait approprié pour un homme qui a été enterré en chevauchant son animal ! Même si je ne suis pas sûr que le cheval ait été ravi.

- As-tu déjà utilisé une excuse stupide du genre “Le chien a mangé mon cahier” quand tu n'as pas envie de faire tes devoirs ? Eh bien, figure-toi que c'est arrivé au grand auteur américain John Steinbeck. Son chien a mangé la première version de l'un de ses livres les plus célèbres, *Des souris et des hommes.* Cela représentait deux mois de travail et le livre a failli ne jamais voir le jour ! Ton chien a-t-il déjà mangé ton cahier de textes ?

- Un poète gardait un ours dans sa chambre à l'université. Il s'agit de Lord Byron, un drôle de personnage mais un grand poète. Entre 1805 et 1808, Byron fréquente le Trinity College de Cambridge. Ce collège avait une règle qu'il détestait. Il n'autorisait pas les chiens dans les chambres. Lord Byron a alors acheté un ours apprivoisé et l'a gardé dans sa chambre. Il n'enfreignait pas les règles, n'est-ce pas ? Après tout, le règlement interdisait les chiens, mais ne parlait pas des ours !

- Les bousiers ne sont pas très attirants mais les anciens Égyptiens les considéraient comme sacrés. Ces insectes coléoptères pondent leurs œufs dans la bouse et lorsque le soleil la réchauffe, les œufs éclosent. Les Égyptiens pensaient que cela montrait la puissance du soleil et, comme de nombreuses autres civilisations, ils considéraient le soleil comme un dieu. Par conséquent, les bousiers démontraient le pouvoir fécondant du soleil pour donner naissance à une nouvelle vie. C'est un peu inhabituel, mais la logique est évidente !

- En 1997, un chat orange nommé Stubbs a été élu maire honoraire de Talkeetna, en Alaska. Il a occupé cette fonction pendant des années et est devenu un citoyen apprécié de la ville. Il aurait peut-être pu se présenter aux élections présidentielles !

Les mystères non résolus de l'histoire

- En 1587, des colons anglais sont arrivés en Amérique et ont fondé un petit village. Il s'agit de la première colonie anglaise permanente en Amérique, appelée Colonie de Roanoke. Ce qui est étrange, c'est qu'en 1590, les colons ont disparu, laissant derrière eux très peu d'indications sur ce qui s'était passé. Les deux indices qu'ils ont laissés sont les mots “Croatoan”, gravé sur un poteau, et le mot “Cro”, gravé sur un arbre. Le mot “Croatoan” pourrait faire référence à l'endroit où la colonie a migré, l'île Croatoan, aujourd'hui connue sous le nom d'île Hatteras. Il existe de nombreuses théories sur les raisons de la disparition des colons. Il pourrait s'agir d'une maladie ou d'une attaque des Amérindiens. Cependant, nous ne connaissons toujours pas la vérité et il est fort probable que nous ne la connaitrons jamais.

- Il existe un phénomène connu sous le nom de “bateaux fantômes”. Il s'agit de navires abandonnés en mer sans personne à bord. Le navire fantôme le plus célèbre est la *Mary Celeste*. Le 5 décembre 1872, ce brick-goélette américain a été découvert par un autre navire, à la dérive et sans aucun de ses sept membres d'équipage. De nombreuses théories ont été avancées sur ce qui s'est passé. Certains prétendent qu'il s'agissait de fantômes, d'autres d'un monstre marin. Cependant, à ce jour, personne n'est sûr de ce qui s'est réellement passé à bord de la Mary Celeste.

- Il existe un texte ancien que personne n'a jamais pu déchiffrer. As-tu déjà entendu parler du Manuscrit de Voynich, le livre le plus mystérieux du monde ? Il a été redécouvert en 1912 par un marchand de livres rares, après avoir disparu et réapparu tout au long de l'histoire. Il se trouvait autrefois dans la bibliothèque d'un empereur du Saint-Empire romain germanique ! Cependant, personne n'est capable d'en déchiffrer le sens. Il est écrit dans une langue totalement inconnue et comporte des illustrations qui ne donnent aucun indice sur son contenu. Le Manuscrit de Voynich date du XVe siècle et ses pages contiennent des dessins déroutants de personnes et de plantes dans une palette de couleurs vives.

- Les statues de l'île de Pâques, les fameux *moaï*, ont des corps. C'est fou, non ? On ne voit que les têtes mais en 1914, des archéologues ont découvert des corps géants enfouis sous la terre. Comment les corps se sont-ils retrouvés enterrés ? Ils ont probablement été recouverts au cours des siècles, par l'érosion des sols. Les corps ont une forme similaire à celle des têtes, comme de longs rectangles. Ainsi, à une certaine époque, les *moaï* étaient encore plus grands et plus imposants qu'aujourd'hui !

- Sais-tu que l'histoire de l'humanité n'est consignée que depuis environ cinq millénaires ? L'homme n'a commencé à tout documenter qu'il y a environ 5000 ans ! Grâce aux découvertes scientifiques, nous en savons beaucoup sur une partie du passé, mais nous ne savons pas grand-chose sur ce qui est arrivé aux peuples et aux cultures de la préhistoire. Le passé de la Terre recèle bien des mystères. Peut-être seras-tu celui ou celle qui les élucidera.

- En Afrique du Sud, il existe des sphères métalliques appelées sphères de Klerksdorp. Elles présentent des lignes et des marques sur toutes leurs faces, mais personne n'a jamais pu expliquer leur origine. Se pourrait-il qu'elles remontent à une époque antérieure à l'Homme ?

- Un pétroglyphe égyptien vieux de mille ans représente un hélicoptère, et personne n'a d'explication à ce sujet. Certains croient donc que les voyageurs du temps ou les extraterrestres sont réels. Les pétroglyphes, appelés gravures d'Abydos, représentent des scènes complexes d'insectes, des langues et… des avions ? Il y en a qui ressemblent à des sous-marins, à des hélicoptères et même à des ovnis ! Cependant, les scientifiques affirment que ces pétroglyphes ne ressemblent à des objets de la technologie moderne que parce qu'il y a eu un processus d'érosion au fil du temps et que plusieurs générations de sculpteurs ont ajouté des détails aux gravures. Qu'en penses-tu ? Crois-tu au voyage dans le temps ou aux extraterrestres ?

- Personne n'a jamais trouvé la tombe de Cléopâtre VII. Le lieu de repos de la célèbre reine a fait l'objet de vifs débats entre les historiens et les archéologues du monde entier. Malheureusement, sa tombe a été perdue et les chances de la retrouver semblent assez faibles. Les auteurs anciens affirment qu'elle a été enterrée avec Marc-Antoine, mais ne précisent pas où. Certains historiens pensent qu'elle a été enterrée près d'Alexandrie, ce qui signifie que sa tombe se trouverait aujourd'hui sous l'eau.

- En 1518, une épidémie dansante frappe une ville entière. Les habitants de la ville de Strasbourg se sont mis à danser sans pouvoir s'arrêter. Environ 400 personnes ont dansé jusqu'à ce que leurs pieds saignent. Les historiens ne savent toujours pas ce qui a provoqué cette étrange épidémie et pourquoi elle ne s'est jamais reproduite.

- Shugborough Hall, dans le Staffordshire, en Angleterre, porte l'inscription "DOUOSVAVVM", mais la signification de ces lettres reste un mystère. Certains historiens pensent qu'elle a été laissée par les Templiers pour localiser le Saint Graal.

- Tu as peut-être entendu parler du pharaon égyptien Toutankhamon, dont la tombe a été découverte en 1922 par Howard Carter. Il s'agit d'une découverte archéologique extraordinaire, puisque la tombe contenait plus de 5 000 objets, dont la momie du roi lui-même ! Mais sais-tu que, selon les historiens, le pharaon aurait été tué par un hippopotame ? Apparemment, le roi, âgé de 19 ans, était un chasseur d'hippopotames passionné, un sport populaire dans l'Égypte ancienne. Heureusement pour l'hippopotame, mais malheureusement pour lui, il semble que ce soit l'hippopotame qui ait gagné !

- Une centaine de personnes ont prétendu être le Dauphin, le fils perdu de Marie-Antoinette. Pourquoi affirmer une telle chose ? Pour revendiquer le trône, bien sûr ! Si quelqu'un avait réussi à faire croire au monde qu'il était le Dauphin, il aurait pu devenir roi de France.

Tous les types de sciences

❍ La majeure partie de l'oxygène de la Terre provient de l'océan ! Nous croyons généralement que ce sont les forêts tropicales qui produisent le plus d'oxygène, mais en fait c'est l'océan. Le plancton, les algues et les autres organismes végétaux présents dans l'océan sont ceux que nous devons remercier pour la majeure partie de l'air que nous respirons.

❍ Un nuage peut peser environ 500 000 kilos. Aussi incroyable que cela puisse paraître, c'est pourtant vrai ! Le poids des nuages est dû au poids des gouttelettes d'eau et à la densité de l'air. Par conséquent, les nuages ne sont pas aussi légers, cotonneux et doux qu'ils en ont l'air.

❍ Le sol sous nos pieds grouille de vie. Chaque fois que tu marches dans la nature, tu marches sur des milliers de micro-organismes. Il n'y a pas seulement des vers dans le sol, mais aussi de minuscules insectes et des organismes encore plus petits qui composent la terre. C'est la plus grande masse d'organismes connue de l'homme !

❍ En été, la Tour Eiffel s'élève d'environ quinze centimètres. Lorsque les températures augmentent, un phénomène appelé *dilatation thermique* se produit. Le volume de la structure augmente légèrement, ce qui fait grandir un peu l'ensemble de l'édifice.

❍ Les élastiques durent plus longtemps lorsqu'ils sont mis au réfrigérateur. Lorsqu'ils sont froids, les polymères qu'ils contiennent se détendent davantage. Si tu étires un élastique, il se réchauffe à cause de l'activité et s'use plus rapidement.

KCl
BeCl2
= 2πν =
P(x)
Q(x)
SO4

❍ Sais-tu que les personnes vivant au niveau de l'équateur se déplacent plus rapidement, alors que celles qui vivent au pôle Nord ou au pôle Sud sont parfaitement immobiles ? Les habitants de l'Antarctique, généralement des scientifiques qui effectuent des recherches sur ce territoire, ne se déplacent pas avec la Terre, puisqu'ils sont près de l'axe de rotation de celle-ci.

❍ Le plus grand séisme du monde a frappé Valdivia, au Chili, en 1960. Il a laissé environ deux millions de personnes sans abris. Il s'agissait d'un tremblement de terre d'une magnitude de 9,5. Un séisme d'une telle puissance ne s'est jamais reproduit.

❍ En étudiant les roches trouvées sur la Terre et la Lune, les scientifiques estiment que la Terre existe depuis 4,5 milliards d'années. Pour ce faire, ils ont utilisé une technique appelée "datation radiométrique" !

❍ Sais-tu pourquoi il y a des saisons ? Parce que la Terre est inclinée de 23,4 degrés sur son axe, qui est une ligne imaginaire tendue entre le pôle Nord et le pôle Sud. En raison de cette inclinaison, les différents hémisphères reçoivent des quantités différentes de lumière solaire à différents moments de l'année. Lorsqu'une zone de la Terre est tournée vers le soleil, la partie exposée est en été.

❍ Sais-tu que dans les années 1950, une femme a été frappée par une météorite de quatre kilos ? Et ce qui est encore plus fou, c'est que Ann Hodges, la malheureuse, s'en est tirée avec un hématome.

❍ La rafale de vent la plus forte jamais enregistrée était de 407 km/h. Elle s'est produite sur l'île de Barrow, en Australie, vers 18 h 15 le 10 avril 1996. J'espère que personne n'était dehors à ce moment-là !

❍ Les prévisions d'élévation du niveau de la mer indiquent une augmentation comprise entre 50 centimètres et un mètre le long des côtes d'ici la fin du XXIe siècle.

- On a trouvé de nouvelles créatures inconnues aux alentours des volcans des grands fonds marins ! Mais il s'agit surtout de bactéries et d'organismes si petits qu'il faudrait un microscope pour les voir.

- En parlant de volcans, savais-tu que des volcans sous-marins existent ? Les scientifiques estiment qu'il y en a plus d'un million. La bonne nouvelle, c'est que la plupart d'entre eux sont éteints. En réalité, seule une centaine d'entre eux sont entrés en éruption au cours des 11 000 dernières années.

- L'augmentation du rayonnement UV a détérioré la couche d'ozone ces dernières années, ce qui a entraîné une modification de la pigmentation et de la couleur de certaines fleurs dans le monde. C'est ce qu'a découvert une équipe de chercheurs américains qui a analysé une collection de fleurs composée de plus de 1 200 échantillons de 42 espèces différentes, collectés entre 1941 et 2017 en Amérique du Nord, en Europe et en Australie.

- Sais-tu que la dentisterie est l'un des plus vieux métiers du monde ? Des scientifiques ont trouvé des traces de soins dentaires sur des crânes datant de 9 000 ans.

- Une salle du siège de Microsoft à Redmond, dans l'État de Washington, est considérée comme l'un des lieux les plus silencieux au monde. Il s'agit d'une salle de laboratoire dans laquelle les tablettes et les appareils sont testés pour s'assurer qu'ils sont aussi silencieux que possible !

- Il n'y a qu'un seul pays au monde qui n'utilise pas officiellement le système métrique, les États-Unis ! Il y en avait beaucoup d'autres auparavant, mais ils ont fini par s'aligner sur le reste du monde. Des pays comme le Royaume-Uni utilisent officiellement le système métrique, mais aussi les miles et d'autres mesures impériales.

- Les experts du changement climatique estiment que la couche d'ozone de la Terre se reconstituera complètement d'ici 50 ans ! C'est une bonne nouvelle !

- Le pays qui compte le plus grand nombre de tremblements de terre est le Japon. L'ensemble du pays est une zone sismique très active, plus que partout ailleurs dans le monde. Environ 1 500 tremblements de terre se produisent chaque année.

- Savais-tu qu'il est possible de créer des récifs d'huîtres ? Le plus grand récif artificiel du monde se trouve dans le Maryland, aux USA. Il a été créé parce que la surpêche détruisait les récifs naturels. Les scientifiques ont donc créé un récif artificiel pour rétablir l'équilibre de l'écosystème.

- Une fillette de dix ans a par hasard créé une nouvelle molécule dans le cadre d'un projet scientifique scolaire ! En 2012, Clara Lazen a créé un diagramme complexe d'une molécule construite à partir de balles et de bâtons représentant les atomes de carbone, d'azote et d'oxygène. Elle a demandé à son professeur si elle avait créé une vraie molécule, mais il n'en était pas sûr. Il a donc envoyé le diagramme pour analyse et il s'est révélé qu'il s'agissait d'une vraie molécule, jamais découverte auparavant! Cette molécule s'appelle le tétranitrate oxycarboné et possède de nombreuses propriétés intéressantes, dont celle d'être explosive ! Peut-être seras-tu celui ou celle qui fera la prochaine découverte scientifique incroyable !

- Tu as des difficultés avec la table de multiplication de 9 ? Voici une astuce qui peut t'aider ! Commence par lever tous les doigts et abaisser l'auriculaire gauche. Cela donne 1 x 9 = 9. Ensuite, tu lèves à nouveau tous les doigts et tu abaisses l'annulaire gauche, cela te donne 2 x 9 = 18. Puis, en abaissant uniquement le majeur gauche, tu obtiens 3 x 9 = 27. Continue ainsi et tu obtiendras les résultats pour la table entière !

- L'eau au large des côtes de l'océan contient plus de 10 millions de virus. Cependant, plus nous nous éloignons de la côte, moins il y a de virus. À une profondeur d'environ 4 000 mètres, il reste environ 100 000 virus. Mais ne t'inquiète pas trop, car la plupart de ces virus sont inoffensifs pour l'homme.

- À l'origine, les aspirateurs étaient si lourds qu'ils devaient être transportés d'une maison à l'autre dans des voitures tirées par des chevaux. Peu de gens pouvaient se permettre de passer l'aspirateur dans leur maison !

- Alfred Hitchcock, célèbre réalisateur britannique de nombreux films policiers, avait peur des œufs. Cela s'appelle l'ovophobie, c'est assez rare et aussi un peu absurde, je pense. Je me demande bien de quoi il avait peur ! Peut-être du terrible blanc d'œuf, gélatineux et dégoulinant ?

Chimie : le monde est ton laboratoire

- Une seule lettre de l'alphabet anglais ne figure pas dans le tableau périodique des éléments. Il s'agit de la lettre J ! En effet, cette lettre n'est pas utilisée en latin.

- Certains métaux explosent au contact de l'eau. Lorsqu'un métal alcalin est jeté dans l'eau, une explosion se produit parce que le métal fond et génère une quantité extrême de chaleur, transférant des électrons dans l'eau. Il génère également de la vapeur et forme des ions hydroxyde et hydrogène, qui sont inflammables.

- L'eau se dilate lorsqu'elle gèle, de sorte qu'un glaçon occupe un volume supérieur d'environ 9 % à celui de l'eau utilisée pour le produire.

- De nombreux éléments radioactifs brillent dans l'obscurité, bien qu'ils n'aient pas toujours une couleur visible à l'œil nu. Il existe cependant des moyens de convertir cette couleur en quelque chose de visible. Il suffit de mélanger un élément radioactif avec une substance appelée "fluor" pour le faire briller. Un fluor est une substance qui émet une lumière visible lorsqu'elle est stimulée.

- Le nom chimique de l'eau est le monoxyde de dihydrogène. Toutefois, ce nom est rarement utilisé, car il est plus facile de dire "eau". Certains scientifiques appellent l'eau monoxyde de dihydrogène juste pour s'amuser. Le 1er avril 1983, un journal a signalé la présence de monoxyde de dihydrogène dans l'approvisionnement en eau d'une ville, et certaines personnes ont pensé qu'il y avait des produits chimiques dangereux dans l'eau potable ! Poisson d'avril !

- L'élément le plus rare de la croûte terrestre est l'astate. Il ne se trouve qu'à l'état de produit de désintégration d'autres éléments plus lourds. Il est extrêmement radioactif et se désintègre très rapidement.

- Sais-tu que l'hélium est plus léger que l'air ? C'est pourquoi les ballons gonflés à l'hélium peuvent monter si haut ! Et sais-tu que, lorsqu'il est inspiré, l'hélium peut déformer ta voix ? En effet, lorsque tu parles, les sons aigus résonnent davantage dans le conduit vocal et sont amplifiés. Ils sonnent donc plus fort. En pratique, cela fonctionne comme un haut-parleur qui rend la voix encore plus forte.

- Si tu sens une odeur particulière après un orage, il pourrait s'agir d'ozone produit par la foudre. L'ozone est créé lorsque les éclairs brisent les molécules d'oxygène dans l'atmosphère. Ainsi, l'odeur "propre" ou "piquante" que tu peux parfois sentir après un orage est en fait celle de l'ozone produit dans l'air.

- Le verre est défini comme un solide amorphe, c'est-à-dire dépourvu de la structure moléculaire des solides réels. Certains scientifiques ont même émis l'hypothèse qu'il s'agissait d'un liquide se déplaçant très lentement, mais sa structure est trop rigide et irrégulière pour être considérée comme un véritable liquide.

- Si tu verses une poignée de sel dans un verre d'eau, le niveau de l'eau baisse. On ne peut pas boire l'eau salée parce qu'il y a moins d'eau et plus de sel, ce qui signifie que plus tu bois de l'eau salée, plus tu te déshydrates.

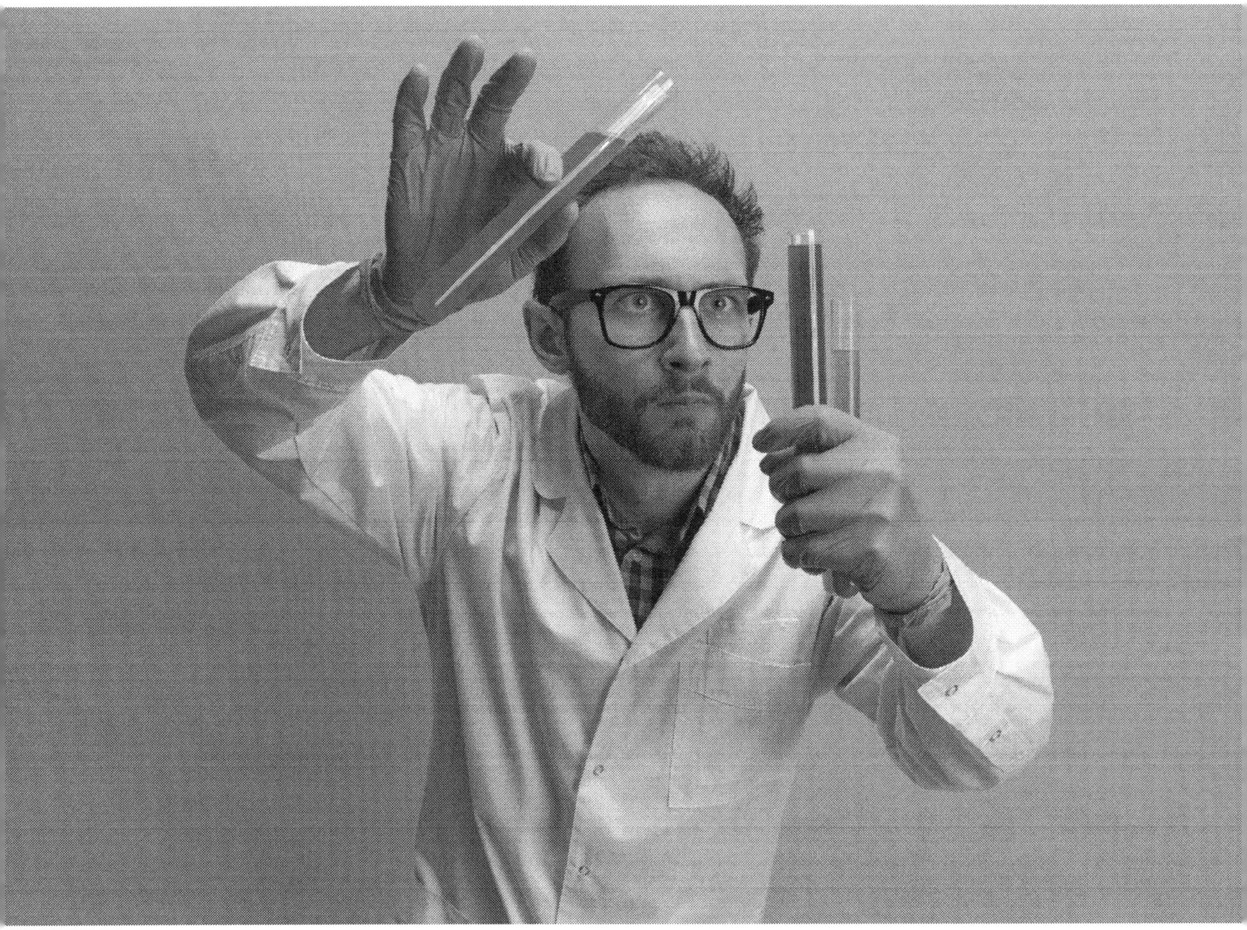

- On obtient les couleurs des feux d'artifice en utilisant des sels de différents métaux et minéraux. Le baryum produit un vert vif, tandis que le strontium donne un rouge profond. Le cuivre produit des couleurs bleues et le sodium des couleurs jaunes.

- Sais-tu que tu peux faire fondre un morceau de métal dans tes mains ? Il s'agit du gallium, dont la température de fusion est d'environ 30 °C. Le laisser au soleil en été aboutirait au même résultat.

- Pourquoi utilisons-nous du savon pour nous laver ? Parce que les molécules de savon emprisonnent la saleté dans leur composé lorsqu'elles entrent en contact avec l'eau.

❍ Le plomb peut, potentiellement, être transformé en or. Il suffit d'un accélérateur de particules et d'une énorme quantité d'énergie. Cependant, la quantité d'or obtenue serait si faible que cela n'en vaudrait pas la peine. Ce processus s'appelle la transmutation, c'est-à-dire la transformation d'un élément en un autre.

❍ Les pièces de monnaie n'ont pas d'odeur. Ce que nous sentons est produit par des composés volatils qui réagissent avec des substances organiques, comme nos mains moites. C'est cette réaction qui produit l'odeur métallique. La pièce n'est que le catalyseur.

❍ Ne me demande pas pourquoi, mais quelqu'un a calculé qu'il y avait suffisamment de carbone dans le corps humain pour produire du graphite pour 9 000 crayons. Heureusement, il existe de meilleures façons de fabriquer des crayons.

❍ Ce qui rend les piments piquants, c'est une molécule qui s'appelle la capsaïcine. Cette molécule irrite la plupart des mammifères, mais n'a étrangement aucun effet sur les oiseaux, dont les récepteurs ne sont pas activés par la capsaïcine.

❍ Lorsque le dioxyde de carbone est sous forme solide, nous l'appelons glace sèche. Pourquoi ? Parce que lorsqu'elle disparaît, elle ne fond pas. Au lieu de devenir de l'eau, la glace sèche se transforme en gaz.

❍ Sais-tu qu'il est impossible de couler dans la mer Morte ? En effet, sa teneur en sel est si élevée qu'elle permet au corps humain de flotter. Sais-tu aussi que la mer Morte n'est pas une mer ? Il s'agit plutôt d'un lac hypersalé situé à la frontière entre la Jordanie et Israël.

❍ Les pompiers utilisent des produits chimiques pour rendre l'eau plus fluide… Plus fluide, l'eau ? Ces produits chimiques spéciaux réduisent la tension superficielle de l'eau, qui s'étale ainsi mieux et imprègne plus facilement les objets.

Une physique vertigineuse

- La physique est décrite comme la science de la matière et de son comportement. Elle est dérivée du mot grec «physike», qui signifie "science de la nature".

- Plus nous nous rapprochons de la vitesse de la lumière, plus nous sommes lourds. C'est parce que lorsque nous nous déplaçons rapidement, nous gagnons de l'énergie supplémentaire. Et cette énergie doit bien aller quelque part, n'est-ce pas ? Elle s'ajoute donc à notre masse globale. Nous ne pourrons jamais y parvenir par nous-mêmes, mais si nous pouvions atteindre la vitesse de la lumière, nous prendrions certainement du poids. Toutefois, cela ne durerait qu'un temps, car le poids finirait par disparaître de lui-même.

- L'eau ralentit la lumière. La lumière ralentit également au travers de l'air et du verre, parce qu'ils sont transparents ! Le processus de ralentissement de la lumière s'appelle l'indice de réfraction.

- Les ondes sonores peuvent générer de la chaleur lorsqu'elles se déplacent. Elles sont en effet absorbées par les matériaux qui constituent un objet et le chauffent lentement. On peut en déduire qu'il est possible de chauffer de la nourriture en criant dessus, même si je suggère d'utiliser le micro-ondes, qui est beaucoup plus rapide.

- Plus un corps est éloigné de la surface de la Terre, plus le temps s'écoule rapidement pour lui. Ce phénomène est connu sous le nom de dilatation gravitationnelle du temps. La gravité déforme l'espace-temps et donc le temps lui-même. Plus nous sommes proches de la source de gravité, c'est-à-dire plus proches du sol, plus le temps s'écoule lentement.

- Les objets transparents ne sont visibles que parce qu'ils réfléchissent la lumière. Ainsi, la seule raison pour laquelle nous pouvons voir du verre ou de la glace est qu'ils reflètent la lumière autour d'eux.

- C'est l'inertie, la résistance au changement de direction, qui t'empêche de tomber des montagnes russes. Ta masse résiste à l'accélération et te maintient sur le siège, te propulsant avec une force supérieure à celle de la gravité.

- Lorsque tu voyages à une vitesse supérieure à celle de la lumière, tu vieillis moins. Autrement dit, plus nous allons vite, plus le temps passe lentement. Par conséquent, un vaisseau spatial très rapide est comme une machine à remonter le temps. Cinq ans à bord d'un vaisseau spatial voyageant à environ 99 % de la vitesse de la lumière correspondent à environ 36 ans sur Terre. Je me demande s'il existe une race extraterrestre avancée qui utilise cette méthode comme technique anti-âge.

- Le vent peut projeter des ombres. Cependant, les ombres ne sont pas visibles à l'œil nu. Un appareil spécial est nécessaire pour les voir.

- Chaque fois que tu vois un objet vibrer, tu peux observer un son. En effet, les ondes sonores font vibrer les objets.

- La capillarité est un phénomène par lequel l'eau agit contre la gravité. C'est pourquoi tu peux voir l'eau monter dans les tuyaux ou les pailles.

- Sais-tu que le son se propage à une vitesse d'environ 343 mètres par seconde ? Cette vitesse peut varier en fonction de facteurs tels que la température et l'environnement. Aujourd'hui, les avions peuvent voler à une vitesse supérieure à celle du son. Mais le mur du son n'a été franchi qu'en 1947. Qui sait ce que nous ressentons alors ?

- Les citrons verts coulent, alors que les citrons jaunes flottent. En effet, les citrons verts sont plus denses que les citrons jaunes et tombent plus facilement au fond du verre. Tu peux essayer pour vérifier !

- Certaines particules sont capables de communiquer entre elles à une vitesse supérieure à celle de la lumière, qui est d'environ 300 000 kilomètres par seconde. La raison en est un phénomène appelé enchevêtrement quantique !

- L'acier est plus élastique que le caoutchouc. Tu te demandes comment cela est possible, puisque le caoutchouc est si, eh bien… si caoutchouteux ? En physique, l'élasticité est la capacité d'un matériau à reprendre sa forme après avoir été modifié. L'acier, lorsqu'il est déformé et modifié, peut rapidement reprendre sa forme, ce qui le rend plus élastique que le caoutchouc.

- La physique quantique est difficile à comprendre, mais un exemple simple de loi quantique est que les particules peuvent se comporter différemment lorsqu'elles sont observées. Ce phénomène s'appelle l'effet d'observateur.

Vers l'infini et au-delà !

Hors du monde

- Il est impossible de roter dans l'espace. En raison de l'absence de gravité, l'air, les aliments et les liquides contenus dans l'estomac flottent ensemble comme des bulles. Si tu rotes, tu risques de vomir dans ta bouche. Nous parions que les astronautes évitent les boissons gazeuses !

- Une puce a plus d'accélération qu'une navette spatiale. Lorsqu'elle saute, elle peut accélérer 20 fois plus vite. En raison de la force utilisée pour le saut et de leur petite taille, les puces accélèrent 100 fois la force de gravité. Les occupants d'une navette spatiale ne ressentiraient que trois fois la force de gravité au décollage.

- Une cuillère à café d'étoile à neutrons pèserait plus de six milliards de tonnes. En effet, les étoiles à neutrons sont très denses. Une étoile à neutrons se forme lorsque des étoiles se compactent.

- La vitesse de la lumière est de 299 792 458 mètres par seconde. La lumière met donc 8 minutes et 19 secondes pour aller du Soleil à la Terre. La lumière du soleil doit traverser le vide spatial avant d'atteindre nos yeux. Imagine la distance à laquelle se trouve le Soleil si sa lumière met huit minutes à te parvenir !

- Environ 96 % de l'univers reste un mystère pour nous. Toutes les galaxies, les planètes et les étoiles que nous connaissons aujourd'hui ne représentent que 4 % de l'univers. Le reste est constitué d'éléments que nous ne pouvons ni voir, ni détecter, ni comprendre. Les scientifiques les appellent l'énergie et la matière noire.

- Les éruptions solaires sont incroyablement puissantes. Une éruption solaire est une grande explosion à la surface du Soleil, qui émet d'énormes quantités de rayonnements électromagnétiques. Sais-tu qu'il existe une classification des éruptions solaires ? Les plus puissantes sont les éruptions de classe X, suivies des éruptions de classe M, C et B. Les éruptions de classe A sont les plus faibles. Lorsqu'une éruption de classe X ou M se produit, une grande quantité de plasma est libérée et peut perturber la magnétosphère de la Terre et provoquer des tempêtes géomagnétiques. Cela peut générer des aurores plus proches de l'équateur que celles qui se produisent normalement. Une éruption solaire a déjà provoqué une panne d'électricité de douze heures au Canada et déclenché une tempête géomagnétique qui a entraîné l'apparition d'aurores boréales dans le ciel.

- Les astronautes d'Apollo 11 ont laissé un message sur la surface de la Lune lorsqu'ils s'y sont posés en 1969. Outre leurs empreintes et le drapeau américain, Neil Armstrong et Buzz Aldrin ont laissé un petit disque en silicone contenant les messages de 73 dirigeants du monde. Ce disque, qui ne mesure que 3,8 cm de diamètre, se trouve encore aujourd'hui à la surface de la Lune.

- As-tu déjà rêvé de porter une combinaison spatiale ? Tu ferais mieux de commencer à économiser, car une combinaison spatiale complète de la NASA coûte 12 000 000 $! Tu vas avoir besoin d'une énorme tirelire !

- Il y a plus d'étoiles dans l'univers que de grains de sable sur la Terre. L'univers compte environ 70 septillions d'étoiles, soit un 7 suivi de 23 zéros ! Il y a environ 10 000 étoiles pour chaque grain de sable sur Terre.

- Il y a des tremblements de terre sur la Lune. Il n'est pas surprenant qu'on les appelle des *lunamoti,* (lunamoto au singulier), c'est-à-dire des tremblements de lune. Cependant, contrairement aux tremblements de terre, un séisme sur la Lune se produit lorsque des météorites frappent sa surface ou lorsque l'attraction gravitationnelle de la Terre comprime et étire l'intérieur de la Lune, de la même manière que la Lune provoque des marées sur Terre.

❍ Il faudrait environ neuf ans pour aller jusqu'à la Lune en marchant. Les humains marchent en moyenne cinq kilomètres par heure, et la Lune se trouve à 384 400 kilomètres de la Terre. Cela signifie qu'il faudrait environ 76 880 heures pour marcher jusqu'à la Lune. Une année compte 8 766 heures, donc 76 880 heures équivalent à environ neuf ans. Je pense que je vais plutôt aller me promener dans le parc.

❍ Il est possible de repérer la galaxie d'Andromède à l'œil nu, par une nuit claire mais sans clair de lune. D'une magnitude de 3,44, elle est visible sans télescope depuis ton jardin ! Il suffit de savoir où regarder.

❍ Différents types de comètes passent à proximité de la Terre. Il y a les comètes à longue période et les comètes à courte période. Ces dernières font le tour du Soleil en 200 ans ou moins, tandis que les comètes à longue période mettent plus de 1000 ans à faire le tour du Soleil.

❍ Si tu conduis une voiture à plus de 100 km/h jusqu'à l'étoile la plus proche, il te faudra plus de 356 milliards d'années pour l'atteindre. Pour le moment, on ne peut pas conduire une voiture dans l'espace !

❍ Lorsque la lune est à moitié pleine, sa luminosité représente environ 10 % de celle de la pleine lune. Si tu vois une lune à moitié pleine, cela signifie qu'elle a atteint ce qui s'appelle le premier quartier. La lune est pleine lorsque la Terre se trouve entre la lune et le soleil. La lune commence alors à devenir de plus en plus petite au fur et à mesure qu'elle se rapproche du soleil.

- Chaque fois que tu regardes le ciel, tu vois l'univers tel qu'il était dans le passé. En effet, la lumière des étoiles, du soleil et des autres planètes met un certain temps à te parvenir. Parfois, ce temps est assez court, mais pour les étoiles, il peut prendre des milliers d'années. Ainsi, si tu vois Vénus briller dans le ciel, tu ne vois pas la planète telle qu'elle est au moment où tu l'observes, mais telle qu'elle était presque quatre minutes auparavant.

- Un trou noir de la taille d'un seul atome a la masse d'une montagne. C'est un trou noir très lourd, surtout si nous considérons la taille d'un atome. Son rayon est d'environ 0,1 nanomètre. Environ 5 millions d'atomes pourraient tenir dans une tête d'épingle !

- Si tu voulais arriver à égaler l'énergie produite par le soleil, il te faudrait allumer 100 milliards de tonnes de dynamite par seconde. Mais, s'il te plait, laisse l'allumage de la dynamite à Wile E. Coyote, tu sais le dessin animé avec Bip-bip et Coyote !

- Quel est ton poids ? Si tu pèses environ 45 kilos, sur une comète, tu ne pèseras que 0,0045 kg. Si tu voulais sauter, tu flotterais dans l'espace, en apesanteur.

- Même si nous allions à la vitesse de la lumière, il nous faudrait 100 000 ans pour traverser notre galaxie. Malheureusement, il est peu probable que nous puissions un jour voyager à la vitesse de la lumière, et encore moins trouver un moyen de survivre pendant des milliers d'années, de sorte qu'il est difficile d'imaginer que nous visitions un jour les confins de la galaxie.

- En 1977, la NASA a lancé deux engins spatiaux, Voyager 1 et Voyager 2, sur le côté desquels était fixé un disque doré contenant les sons de la Terre. Les disques étaient remplis de messages de bienvenue, de musique, de bruits d'animaux et de sons de la nature. La NASA a donc envoyé un petit morceau de notre planète dans les profondeurs de l'espace. Qui sait, peut-être un extraterrestre l'écoutera-t-il ?

- Sais-tu que l'univers est si grand que toutes les étoiles, galaxies et planètes, connues sous le nom de matière baryonique, n'en représentent que 4 % ? 23 % constituent la matière noire, c'est-à-dire de la matière que nous ne pouvons pas voir mais dont nous pouvons mesurer l'effet gravitationnel, et les 73 % restants sont de l'énergie noire. La nature de l'énergie noire est inconnue, mais il semble qu'elle ait l'effet inverse de la gravité, c'est-à-dire qu'elle éloigne les choses les unes des autres. C'est l'une des raisons pour lesquelles l'univers est en expansion.

- Les scientifiques ont calculé que notre soleil vivra encore pendant cinq milliards d'années. À ce moment-là, il ne disposera plus d'hydrogène et il quittera sa phase stable. Heureusement, à ce jour, le soleil est très stable et en bonne santé. Et si nous considérons que la Terre n'a vécu que 4,5 milliards d'années jusqu'à présent, elle n'a pas encore atteint l'âge mûr !

- Dans environ 4,5 milliards d'années, la Voie Lactée devrait s'écraser sur la galaxie d'Andromède et former une galaxie elliptique ! Le trou noir supermassif et les bras spiraux de notre galaxie disparaîtront. Si tu te demandes ce que sont les bras spiraux, sache qu'il s'agit d'un ensemble d'étoiles qui créent la forme d'une spirale ou d'une roue, dans le ciel. En fait, notre galaxie ressemble à une grande spirale !

- La lumière met beaucoup de temps à voyager dans l'espace. Il y a donc des parties de l'univers que nous ne pouvons pas encore voir parce que la lumière ne nous est pas encore parvenue. Je me demande quelles choses incroyables restent encore à découvrir.

- Le télescope spatial James Webb est le plus grand télescope optique. Il a pour mission d'observer l'espace plus profondément et de découvrir éventuellement de nouvelles galaxies. Ce télescope est si puissant que les images qu'il envoie sont beaucoup plus claires que celles envoyées par le télescope spatial Hubble, dans le cadre de ses observations de la même zone de l'espace.

- La plus grande étoile connue de l'homme est UY Scuti, une supergéante rouge, dont le rayon est environ 1 700 fois plus grand que celui de notre soleil. Près de cinq milliards de soleils pourraient s'y loger. À côté, notre pauvre petit soleil ressemble à un minuscule insecte !

- Un trou noir supermassif se précipite dans l'espace à 177 000 kilomètres à l'heure. Il est environ trois millions de fois plus lourd que le soleil ! Heureusement, cela se passe dans la galaxie J0437+2456 — quel nom bizarre — qui se trouve à environ 230 millions d'années-lumière. Il s'agit d'une curiosité, car les trous noirs se déplacent rarement. Ils sont généralement trop denses pour être déplacés !

- La sonde Voyager 1, créée en 1977, va dériver dans l'espace pour toujours et survivra probablement à la Terre. Peut-être se fera-t-elle des amis dans l'espace ?

- Dans l'espace, il existe un phénomène connu sous le nom de "soudure à froid", qui permet à deux pièces du même métal de fusionner si elles se touchent. Cela se produit parce que les atomes du métal ne savent pas qu'ils sont différents l'un de l'autre. Sur Terre, ce phénomène ne peut pas se produire, car il y a toujours de l'eau ou de l'air qui les sépare.

- Il existe une matière noire dont les scientifiques ne savent presque rien. Personne ne sait comment elle fonctionne ni d'où elle vient, mais la théorie veut que la matière noire soit à l'origine de la gravité.

- Le Soleil représente la majeure partie de la masse de notre système solaire. Il semble petit dans le ciel, mais c'est en fait le plus gros objet de notre système solaire ! La Terre ressemble à une fourmi comparée au Soleil.

- Bien qu'on ne puisse entendre aucun son dans l'espace, Voyager a en a enregistré quelques-uns. En réalité, la sonde n'a enregistré que des ondes sonores se déplaçant à travers de grands nuages de gaz. Les sons de l'espace sont aigus et quelque peu inquiétants. Si tu veux les écouter, tu peux en trouver des exemples sur YouTube !

- Les planètes ne sont pas les seules à être entourées d'anneaux. Un astéroïde de notre système solaire présente également cette caractéristique. Il s'appelle Chariklo et est entouré de deux grands anneaux.

- As-tu déjà pensé à ce qui t'arriverait si tu tombais dans un trou noir ? En réalité, tu t'étirerais comme si tu étais fait de pâte à spaghetti. Ce phénomène est connu sous le nom de "spaghettification". Au moins, le nom est drôle !

- Les empreintes des astronautes qui ont marché sur la Lune y resteront à jamais, car il n'y a ni vent ni eau pour les effacer ! Les empreintes de pneus des véhicules lunaires y resteront également, intactes.

- Même les lunes peuvent avoir leurs propres lunes ! L'expression "lune d'une lune" est utilisée pour décrire un objet en orbite autour d'une lune. Mais même les lunes d'une lune ont elles-mêmes une lune. Tout cela devient bien compliqué.

- L'espace est glacial ! Sa température de base est de -270 °C. Il y fait si froid que le mouvement moléculaire s'est arrêté, mais tout l'espace n'est pas aussi froid. Il existe quelques endroits plus chauds, dans différentes parties de l'univers.

- Les astronomes pensent que les comètes proviennent toutes du même lieu, le nuage d'Oort. Il s'agit d'une masse de plusieurs billions d'objets entourant notre système solaire. C'est tout ce qu'il restait, apparemment, lorsque le système solaire s'est formé. Parfois, sous l'effet de l'attraction gravitationnelle du Soleil, des morceaux de ces objets sont attirés vers le centre du système solaire. C'est ainsi que se forment de nombreuses comètes et météores.

- Les hommes qui vivent aujourd'hui ne reverront pas la comète Hyakutake. La dernière fois qu'elle a été aperçue, c'était en 1996 et nous ne la reverrons pas avant 70 000 ans, c'est-à-dire en l'an 71996. Tant pis pour ceux qui sont nés après 1996 !

- La ceinture de Kuiper est un énorme nuage de petits objets en forme d'anneau situé dans la partie extérieure du système solaire. Elle est entièrement composée d'astéroïdes, de météores et de planètes naines. Les scientifiques pensent que ces petits corps remontent aux débuts de la formation du système solaire. La ceinture de Kuiper ressemble un peu au nuage d'Oort dont j'ai parlé plus haut, mais ce dernier est beaucoup plus éloigné.

- Sais-tu que les corps célestes qui gravitent autour d'autres corps et qui sont trop petits pour être considérés comme des lunes sont appelés "mini lunes" ? Quel joli nom !

- La masse du Soleil est d'environ 1 988 550 000 000 000 000 000 milliards de kilos. Cela fait beaucoup de zéros ! C'est l'équivalent de 330 000 Terres. Le Soleil constitue à lui tout seul, environ 99,86 % de la masse de notre système solaire.

- As-tu déjà entendu parler d'une étoile hypergéante ? Il s'agit d'un type d'étoile rare dont la masse et la taille sont extrêmes. Ce sont les plus grosses étoiles de l'univers, encore plus grosses que les supergéantes !

- La comète de Halley est l'une des comètes les plus célèbres à être passée à proximité de la Terre. Elle n'est observée que tous les 75 à 76 ans et ne sera pas revue avant 2061 ! Les comètes redeviennent visibles parce qu'elles sont liées au Soleil par la gravitation. Certaines comètes changent toutefois d'orbite et quittent complètement le système solaire. La comète de Halley, elle, est là pour rester. Elle tourne autour du Soleil à sa propre vitesse et revient lentement vers la Terre.

- "Houston, nous avons un problème" est une phrase célèbre censée avoir été prononcée par un astronaute lors de la mission Apollo 13 sur la lune, mais sais-tu qu'elle n'est pas tout à fait correcte ? En réalité, l'astronaute a dit : "Houston, nous avons eu un problème." Une petite différence, qui veut dire tout autre chose !

- Des voyages dans l'espace ont été envisagés dès le XVIIe siècle. Le théologien anglais John Wilkins suggérait que des "chars volants" emmèneraient les hommes sur la lune, et il incluait les extraterrestres dans ce programme. Wilkins avait de bonnes idées pour l'avenir !

- En 2018, une météorite a percuté notre atmosphère et explosé avec une force dix fois supérieure à celle de la bombe à hydrogène d'Hiroshima, mais elle n'a été découverte que plus tard par les scientifiques de la NASA. En effet, l'impact s'est produit au-dessus de la mer de Béring, hors de la trajectoire des avions commerciaux.

- Sais-tu que le soleil ne change pas de couleur lorsqu'il se couche ? Il nous apparaît orange et rose parce que les longueurs d'onde du soleil agissent différemment dans l'atmosphère.

- Le temps se fige à l'intérieur d'un trou noir. Les secondes passées à l'intérieur d'un trou noir sont infiniment longues, si longues que le temps semble s'être figé.

Mercure

- Mercure est la planète la plus proche du Soleil. Contrairement à de nombreuses autres planètes de notre système solaire, Mercure n'a pas de lunes ni d'anneaux. On doit s'y sentir bien seul !

- Une année sur Mercure correspond à 88 années terrestres et un jour dure 176 jours terrestres. Cela est dû à la lenteur de sa rotation. Le soleil met donc 176 jours terrestres pour se lever, se coucher et se relever sur Mercure.

- Mercure est la plus petite planète, avec une circonférence à l'équateur de seulement 4 879 kilomètres. Cependant, malgré sa petite taille, elle est l'une des cinq planètes visibles à l'œil nu.

- Mercure a des rides. En raison du refroidissement du noyau de fer de la planète, sa surface s'est plissée. Les scientifiques les appellent des "cicatrices lobées".

- En ce qui concerne le noyau de fer de Mercure, les scientifiques pensent qu'il a pu être autrefois de la lave en fusion ! Mais aujourd'hui, il y fait très froid. Jusqu'à -150 °C ! Je te conseille de prendre ta doudoune !

- De toutes les planètes de notre système solaire, c'est Mercure qui compte le plus grand nombre de cratères ! Cela est probablement dû l'impact d'astéroïdes. Si l'espace était un parc d'attractions, Mercure serait l'auto-tamponneuse !

Vénus

- Les jours sur Vénus sont beaucoup plus longs que nos années sur Terre. Un jour sur Vénus équivaut à environ 243 jours terrestres. De toutes les planètes de notre système solaire, c'est Vénus qui tourne le plus lentement !

- Bien que Mercure soit plus proche du soleil, la planète la plus chaude du système solaire est Vénus. L'atmosphère épaisse de Vénus est remplie de gaz à effet de serre tels que le dioxyde de carbone et les nuages sont constitués d'acide sulfurique. Ce type d'atmosphère retient la chaleur et donne à la surface de la planète l'aspect d'une fournaise.

- Certaines études suggèrent qu'il y a très longtemps, Vénus aurait eu des océans et des continents, comme la Terre, mais que la planète aurait ensuite évolué pour devenir la fournaise qu'elle est aujourd'hui. Qui sait à quoi elle ressemblait ?

- Vénus n'a pas de lune, ce qui est surprenant, car toutes les autres planètes en ont au moins une. Saturne en a plus de 60 ! Saturne, s'il te plait, arrête de garder presque toutes les lunes pour toi !

Terre

- Il y a plus d'arbres sur Terre que d'étoiles dans notre galaxie, la Voie lactée. Selon une étude, il y a environ 3 000 milliards d'arbres sur notre planète, ce qui dépasse largement les 100 à 400 milliards d'étoiles de la Voie lactée.

- Dans environ 2,3 milliards d'années, le climat sera trop chaud pour que la vie sur Terre soit possible. Notre planète deviendra un désert semblable à celui de Mars. On a encore du temps devant nous, ne t'inquiète pas ! Mais tu peux contribuer à lutter contre le changement climatique.

- La Grande Muraille de Chine n'est pas visible depuis l'espace. C'est un mythe qui a été perpétué pendant des années. En effet, la Grande Muraille de Chine est trop petite pour être vue de l'espace. En revanche, il est possible de voir clairement les pyramides de Gizeh.

- La Lune n'est pas le seul objet à tourner autour de la Terre. Bien que la Lune soit le seul satellite naturel de la Terre, il existe un certain nombre d'objets appelés géocroiseurs qui tournent autour de la Terre. NEO est l'abréviation de "Near-Earth-Objects", objets géocroiseurs. Il s'agit de petits astéroïdes qui ont été capturés par la force d'attraction de la Terre.

- La Terre a une circonférence d'environ 40 000 kilomètres. Ce n'est pas si mal ! Avais-tu déjà réfléchi à la taille de la Terre ?

- Un vaisseau spatial doit atteindre Mach 33, soit 40 300 kilomètres par heure, pour échapper à l'attraction terrestre. Quelle vitesse ! Pas étonnant que les astronautes soient obligés de s'entraîner si durement pour ne pas se sentir malades.

- La lumière provenant d'une étoile située à environ 31,7 années-lumière met un milliard de secondes pour atteindre la Terre. Cela signifie que certaines des étoiles qui scintillent dans le ciel nocturne ont un milliard de secondes de retard. Les observer revient donc à regarder dans le passé.

- La station spatiale internationale tourne autour de la Terre en 90 minutes environ. Elle se déplace à une vitesse de huit kilomètres par seconde ! En 24 heures, la station spatiale effectue 16 révolutions autour de la Terre, passant par 16 levers et couchers de soleil.

- Plus de 500 000 débris spatiaux flottent au-dessus de la Terre et y tombent parfois. Ces débris proviennent de diverses missions dans l'espace et sur la Lune ainsi que de satellites en orbite autour de la Terre.

- La Terre n'est pas parfaitement ronde. Notre planète est plus proche d'une forme appelée ellipsoïde ou sphéroïde oblate, qui sont des termes scientifiques pour désigner un objet en forme de boule aplatie aux pôles.

- La Terre est la seule planète connue sur laquelle il y a de la vie. Pour autant que nous le sachions, aucune des autres planètes de notre système solaire n'abrite la moindre forme de vie, même si les scientifiques pensent qu'il pourrait y avoir quelques petits micro-organismes sur Mars. Aucun extraterrestre ou autre humanoïde ne semble capable de survivre sur les autres planètes !

- La Terre est en perpétuel mouvement, ce qui signifie que nous aussi ! Chaque jour, nous nous retrouvons un coup à l'envers et un coup à l'endroit. La Terre tourne à une vitesse de 1 675 km/h à l'équateur, et nous tournons avec elle. C'est une vitesse supérieure à celle que peut atteindre un avion de ligne.

- La Terre se déplace autour du Soleil à une vitesse d'environ 107 000 km/h. C'est beaucoup plus rapide qu'un avion ! Comme nous l'avons déjà dit, nous sommes donc toujours en mouvement et nous tournons autour du Soleil à une vitesse inimaginable.

- Certaines parties de la Terre ont moins de gravité que d'autres. Cela s'explique par le fait que la Terre n'est pas une sphère parfaite et qu'elle n'est donc pas uniformément dense. La gravité est plus faible à l'équateur en raison de la rotation de la Terre.

- La Terre a peut-être eu deux lunes ! Les scientifiques pensent que ces deux lunes ont lentement fusionné, à la suite d'une collision qui a donné naissance à une grande lune. Nous supposons que ces lunes ont été initialement créées par une protoplanète, de la taille de Mars, qui est entrée en collision avec la Terre durant sa période de formation.

Mars

- Mars possède le plus long canyon du système solaire. Valles Marineris, situé sur l'équateur martien, s'étend sur quelque 4 000 kilomètres et a une profondeur de sept kilomètres. Il est donc dix fois plus long et trois fois plus profond que le Grand Canyon aux États-Unis.

- De minuscules morceaux de Mars se détachent de la planète et traversent notre atmosphère mais ils atterrissent généralement dans les océans. Cela signifie qu'il y a de minuscules météorites dans les profondeurs de nos océans !

- Dans les 20 à 40 millions d'années à venir, la lune de Mars, Phobos, se brisera et commencera à orbiter autour de la planète, donnant à Mars son propre anneau, tout comme Saturne !

- Mars présente une caractéristique géologique unique connue sous le nom de "myrtilles". Il s'agit de petites formations rocheuses sphériques d'hématite disséminées à la surface de la planète. Les myrtilles de Mars, qui ne mesurent que quelques millimètres de diamètre, ont été découvertes en 2004 par Opportunity, le véhicule d'exploration de la NASA. Nous pensons que les myrtilles se sont formées dans de l'eau martienne ancienne, qui a interagi avec des minéraux riches en fer pour créer ces structures caractéristiques.

Jupiter

- Jupiter est la plus grosse planète de notre système solaire. Elle pourrait contenir les sept autres planètes !

- Connais-tu la grande tache rouge sur Jupiter ? Il s'agit d'une tempête anticyclonique qui tourne tous les six jours. Anticyclonique signifie qu'elle tourne dans des directions contraires, selon l'hémisphère.

- En parlant de la tache rouge sur Jupiter, sais-tu qu'elle est aussi grande que la Terre ? C'est vraiment une énorme tempête !

- Attends, ce n'est pas tout ! Savais-tu que la grande tache rouge sur Jupiter a environ 350 ans ? C'est une très longue tempête !

- Jupiter possède plus de 75 lunes, ce qui en fait la planète la plus riche en lunes de notre système solaire. Quatre de ses plus grandes lunes, sont connues sous le nom de lunes galiléennes. Il s'agit de Io, Europa, Ganymède et Callisto. Elles ont été découvertes par Galilée en 1610 et comptent parmi les objets les plus étudiés du système solaire.

Saturne

- Tous les 15 ans environ, les anneaux de Saturne semblent disparaître. En effet, ils sont si peu épais que, sous un certain angle, nous avons l'impression qu'ils n'existent pas. Mais ne t'inquiète pas, cette planète aux lignes pures n'aurait jamais l'idée d'enlever ses anneaux !

- En ce qui concerne Saturne, un nouvel anneau a été découvert en 2009. Il est aussi large que 300 Saturne côte à côte. C'est énorme si nous considérons que la circonférence de Saturne est d'environ 378 675 km !

- Un nuage de forme hexagonale a été découvert au pôle Nord de Saturne. Cela s'explique par la présence d'un courant aérien (un jet-stream) se déplaçant à une vitesse spécifique. Ces forts contrastes dans la vitesse du vent créent des mouvements d'ondes dans le jet-stream de l'atmosphère. Ainsi, les six vagues qui tournent autour de la planète avec ce courant finissent par former une structure hexagonale.

- Saturne est la planète la plus éloignée visible à l'œil nu. C'est la deuxième plus grande planète de notre système solaire ! Mais pour voir ses anneaux, il faut un télescope.

- Saturne est également la planète la plus plate, en raison de sa faible densité et de sa rotation rapide. Son diamètre polaire est égal à 90 % de son diamètre équatorial. Imagine un morceau de pâte. Si elle est épaisse et tourne très vite, elle finit par s'aplatir, comme lorsque nous préparons une pizza. Saturne a donc plus de points communs avec la pizza que tu ne le penses.

- Saturne met 29,4 années terrestres pour orbiter autour du Soleil, ce qui signifie qu'une année sur Saturne équivaut à près de 30 ans pour nous ! Imagine que tu vives sur Saturne, tu vieillirais très lentement !

- Outre les anneaux, Saturne semble également avoir un faible pour les lunes. En effet, elle en possède cent cinquante, dont des mini-lunes.

Uranus

- Uranus est un monde de tempêtes. Ce n'est donc pas un endroit idéal pour partir en vacances. Les scientifiques pensent que s'il y a tant de tempêtes, contrairement à toutes les autres, c'est qu'elle est inclinée sur le côté.

- La planète Uranus a un aspect bleu clair, car sa haute atmosphère est composée d'eau, d'ammoniac et de cristaux de glace de méthane.

- Deux des lunes d'Uranus portent le nom de personnages créés par William Shakespeare, Oberon et Titania. Toutes deux étaient des fées dans le *Songe d'une nuit d'été.*

- Une seule sonde a atteint Uranus, Voyager 2 en 1986. Elle ne s'est pas posée à la surface, mais l'a survolée, s'approchant à 81 400 kilomètres du sommet des nuages de la planète.

Neptune

- Triton est la lune de Neptune. C'est la lune connue, la plus froide de notre système solaire. Sa température de surface est en moyenne de -235 °C.

- La lune Triton serait capable d'abriter la vie, mais pas une vie semblable à la vie terrestre. Triton est une lune dite "mammouth" et c'est le seul monde, à part le nôtre, à posséder des étendues d'eau stagnante.

- Neptune est la planète la plus éloignée du Soleil dans notre système solaire, avec une distance moyenne d'environ 4,5 milliards de kilomètres. En raison de cette grande distance, Neptune met près de 165 années terrestres à boucler une orbite autour du Soleil. Son éloignement est aussi la raison de sa faible luminosité, ce qui fait que Neptune n'a été découverte qu'en 1846.

- L'atmosphère de Neptune est en partie composée de méthane, qui absorbe la lumière rouge. C'est pourquoi la planète apparaît d'un bleu profond.

- En 1989, une tempête sur Neptune, appelée la Grande Tache sombre, a duré cinq ans d'affilée. Nous pouvons être heureux que de telles tempêtes n'existent pas sur Terre !

- Neptune est entourée de 14 lunes ! Elles s'appellent Thalassa, Naïade, Despina, Larissa, Galatée, Protée, Triton, Halimède, Néréide, Laomédie, Neso, Sao, Psamathée et S/2004 N1 qui vient de recevoir le nom officiel d'Hippocampe.

Sur une planète très, très lointaine

- Sur certaines planètes, il pleut des diamants. Cela se produit parfois sur Saturne, Neptune et Uranus. Cependant, ces diamants sont plus proches de ceux créés en laboratoire par l'homme que de ceux extraits dans la nature et ils ne ressemblent malheureusement pas à de vrais diamants !

- Il existe une planète qui pourrait être constituée de diamants. Elle s'appelle 55 Cancri et a été découverte en 2004. Elle est rocheuse et se compose principalement de carbone sous forme de diamant ou de graphite. Toutefois, il serait difficile de visiter 55 Cancri, car sa surface atteint environ 1 650 °C, ce qui est trop chaud pour être compatible avec la vie.

- Certaines planètes situées en dehors de notre système solaire orbitent autour de deux étoiles au lieu d'une. Elles sont connues sous le nom de "planètes circumbinaires" et ont été découvertes pour la première fois en 1993. L'une des planètes circumbinaires les plus célèbres est Kepler-16b, découverte par la mission Kepler de la NASA en 2011. Il s'agit d'une planète géante gazeuse en orbite autour de deux étoiles, d'une taille similaire à celle de Saturne, et dont l'année ne dure que 229 jours.

- Il existe peut-être encore une autre planète, aux confins de notre système solaire. Les scientifiques l'appellent Planet Nine (planète neuf), mais elle est si loin que son existence n'a pas encore été confirmée. Peut-être seras-tu un jour le scientifique qui la confirmera ?

- Il existe une exoplanète connue sous le nom de HD 189733b sur laquelle nous pensons qu'il pleut du verre en fusion ! Les vents sont composés de particules de silicate et soufflent jusqu'à 8 700 km/h. Ce verre ne ressemble pas à celui que nous voyons dans nos maisons, car il est en fusion ! C'est du verre liquide brûlant qui tombe du ciel ! Je crois que je préfère la pluie ou la neige !

❍ Il existe des planètes errantes qui ne tournent pas autour des étoiles. Elles sont difficiles à trouver, car elles errent littéralement dans l'univers. Ces planètes hors orbite ont la capacité de faire tomber d'autres planètes hors orbite également ! Mais ne t'inquiète pas, il n'y en a pas près de la Terre.

❍ Au cours des 20 dernières années, nous avons découvert plus d'un millier de planètes en orbite en dehors de notre système solaire. Cela signifie qu'il pourrait y avoir quelque part une planète semblable à la Terre. Ainsi, l'existence d'une vie extraterrestre ne sera peut-être plus de la pure science-fiction, à l'avenir !

❍ L'objet qui tourne le plus vite dans notre univers est une planète naine appelée Haumea. Si elle tournait encore plus vite, elle se diviserait en deux. Qui sait si les planètes plus grandes et plus anciennes lui disent de ralentir, sous peine de se blesser ?

❍ Il serait incroyablement difficile de faire atterrir un vaisseau spatial sur Jupiter, Saturne, Uranus ou Neptune, car ces planètes sont presque entièrement constituées de gaz. Bien qu'il soit possible que ces planètes aient un noyau solide quelque part en leur centre, la gravité détruirait tout vaisseau spatial.

❍ Vénus et Uranus tournent différemment des autres planètes. Toutes les autres planètes tournent autour du Soleil dans le sens inverse des aiguilles d'une montre. Vénus tourne dans le sens des aiguilles d'une montre, tandis qu'Uranus tourne… sur le côté !

- Toutes les planètes de notre système solaire, à l'exception de la Terre, portent le nom de dieux et de déesses de la Rome antique. Le nom de la Terre semble un peu différent, en comparaison. Pourtant, son nom provient d'un vieux mot grec “Eorthe”, devenu “Ertha” en vieil anglais et qui a donné “Earth” en anglais et “Terre” en français.

Le corps humain et tout ce qu'il peut faire

Des faits qui font tourner la tête

- Un cerveau en manque de sommeil peut être éveillé et endormi en même temps. Il s'agit d'un phénomène appelé hypnagogie. Pendant l'hypnagogie, il est courant d'avoir des hallucinations.

- Le cerveau est parfois plus actif lorsqu'il est endormi que lorsqu'il est éveillé. Certaines études suggèrent que le sommeil est un moyen d'éliminer les toxines qui s'accumulent dans le cerveau pendant la période d'éveil.

- Si toutes ses rides et tous ses replis étaient lissés, le cerveau aurait la taille d'une taie d'oreiller. Cependant, je ne pense pas qu'il serait très confortable de dormir dessus.

- Lorsque tu es éveillé, ton cerveau produit suffisamment d'électricité pour alimenter une ampoule électrique. En moyenne, nous avons environ 70 000 pensées par jour. C'est incroyable ! Je suis étonné que nous puissions faire quelque chose avec toutes ces pensées dans notre tête !

- Le cerveau utilise dix watts d'énergie pour penser. Le watt est la vitesse du flux d'énergie électrique. Cependant, une ampoule de dix watts ne serait pas très lumineuse et ne suffirait donc pas à éclairer une pièce.

- Certains scientifiques ont émis l'hypothèse que les personnes qui rêvent fréquemment ont souvent un QI plus élevé. Cela s'explique par le fait que leur cerveau travaille davantage et produit plus de pensées.

- Le cerveau est composé à 60 % de graisses. Or, ces acides gras sont essentiels à son bon fonctionnement. Alors, parfois, un peu de graisse supplémentaire ne fait pas de mal !

- Sais-tu que le cerveau n'est pas complètement formé avant l'âge de 25 ans ? C'est notamment le temps de développement du cortex préfrontal, qui permet de mieux réguler nos émotions.

- Sais-tu que les hommes ont un cerveau légèrement plus gros que celui des femmes ? Mais que les hommes ne se fassent pas d'illusions, une plus grande taille de cerveau n'implique pas une plus grande intelligence !

- Le cerveau compte environ 86 milliards de neurones qui forment des connexions entre eux, soit un total d'environ mille milliards de neurones. Cela signifie que le cerveau a une capacité d'information quasi illimitée.

- À l'âge de 20 ans, nous commençons à perdre des neurones. À 70 ans, nous avons perdu au moins 10 % de nos neurones. Bye-bye, les neurones !

- Porter des écouteurs, ne serait-ce qu'une heure, pourrait augmenter de 700 % le nombre de bactéries dans tes oreilles. Mais ne t'inquiète pas, nous avons déjà des bactéries sur tout le corps. Quelques-unes de plus ne feront pas de mal !

- Le plus petit os du corps humain se trouve dans l'oreille et s'appelle l'étrier. Les deux autres petits os de l'oreille s'appellent le malléus (le marteau) et l'incus (l'enclume) et forment ensemble, tous trois, la chaîne ossiculaire.

- Sais-tu que certaines personnes peuvent entendre le mouvement de leurs globes oculaires ? Comme pour les autres muscles, il existe une friction entre les muscles oculaires et les os qui leur sont reliés. Certaines personnes peuvent sentir ce frottement lorsqu'elles bougent leurs yeux. C'est comme entendre sa propre voix ou sa propre mastication.

- Lorsque nous ressentons certaines émotions, telles que l'embarras, la culpabilité ou l'amour, les vaisseaux sanguins de notre visage se dilatent, ce qui nous fait rougir. Les scientifiques pensent que cette réaction pourrait avoir évolué comme un moyen de communiquer nos émotions aux autres et de renforcer la confiance en soi dans les situations sociales. Alors, la prochaine fois que tu te sens rougir, rappelle-toi qu'il s'agit d'une caractéristique unique et fascinante de l'être humain !

- L'homme est le seul animal capable de produire des larmes en rapport avec des émotions telles que la joie, la tristesse et la douleur. Ces larmes contiennent un analgésique naturel qui peut améliorer l'humeur et réduire le niveau de stress. Il est donc normal de pleurer, de temps en temps.

- Les femmes sont moins susceptibles d'être daltoniennes que les hommes. En effet, les gènes responsables de la forme la plus courante de daltonisme sont situés sur le chromosome X et comme la femme a deux chromosomes X, le déficit de l'un est compensé par l'autre.

- Nous clignons des yeux plus de six millions de fois par an. Le clignement des yeux est influencé par divers facteurs, mais en moyenne, nous clignons des yeux 15 à 20 fois par minute.

- La cornée, qui est la partie transparente de l'œil, ne reçoit pas d'oxygène depuis le sang, mais directement de l'air.

- Les poils du visage sont ceux qui poussent le plus rapidement. Ceux d'un homme adulte poussent d'environ 0,4 millimètre par jour. Si un homme ne se rasait jamais la barbe, elle pourrait atteindre une longueur de neuf mètres.

- L'homme est la seule espèce connue à avoir un menton. Bien que les scientifiques ne soient pas tout à fait sûrs de sa fonction, certaines théories suggèrent que le menton a évolué pour nous aider à parler plus clairement ou pour séduire et attirer des partenaires.

- Nous avons à peu près la même quantité de poils sur le corps que les chimpanzés ! Cependant, nos poils sont à peine visibles et ne sont pas aussi épais que ceux de ce primate.

- Les scientifiques ne savent toujours pas pourquoi nous bâillons. Certaines recherches suggèrent que le bâillement est un moyen pour notre corps de réguler la température du cerveau. Une autre étude avance que nous bâillons quand nous sommes fatigués et que nous cessons à ce moment-là de respirer profondément, ce qui provoque une accumulation de dioxyde de carbone que l'acte de bâiller est censé expulser. Et oui, le bâillement est bel et bien contagieux ! Voir ou entendre quelqu'un bâiller peut te donner envie de bâiller à ton tour. Qui parie que même la lecture de cet article t'a fait bâiller ?

- Nous ne pouvons pas avaler et respirer en même temps. Le corps humain peut faire beaucoup de choses incroyables, mais avaler et respirer en même temps n'en fait pas partie.

- En général, les femmes ont plus de papilles gustatives que les hommes. Environ 35 % des femmes peuvent se décrire comme des "super-dégustatrices", ce qui signifie qu'elles identifient les saveurs plus facilement que les autres.

- Au cours de notre vie, nous produisons suffisamment de salive pour remplir deux piscines. Cela représente environ 25 000 litres de salive. Nous en produisons en permanence, même lorsque nous mangeons.

- Les tératomes sont des petites tumeurs qui peuvent avoir des dents et même des cheveux ! C'est comme si une autre petite personne grandissait à l'intérieur de toi.

- Les changements de température sont l'une des causes du hoquet. En effet, l'œsophage, le canal qui relie la gorge à l'estomac, est sensible à la température.

- Nos nerfs transmettent l'information à une vitesse de 40 à 45 mètres par seconde. La transmission est plus rapide dans certains nerfs que dans d'autres. Par exemple, la sensation de toucher ou de douleur est extrêmement rapide.

- Sais-tu que le muscle le plus puissant du corps humain est le masséter, situé dans la mâchoire ? Ce muscle est responsable de la mastication et exerce une force énorme lorsque nous mordons dans nos aliments. En effet, il peut exercer une force de plus de 90 kg sur les molaires, de quoi casser une noix ! Mais n'essaie surtout pas, tu te ferais sûrement mal !

- Essaie de fredonner en te bouchant le nez… C'est impossible ! En effet, lorsque tu fredonnes, tu expires de l'air. Par conséquent, si ta bouche et ton nez sont fermés, l'air ne peut plus sortir.

- Lorsque nous respirons, nous privilégions une narine, environ 75 % de la respiration se fait par une narine et 25 % par l'autre. Sais-tu quelle narine tu préfères ?

- Le nez et les oreilles continuent de croître tout au long de la vie. Le mot “croissance” n'est peut-être pas le plus approprié pour décrire ce processus. Avec l'âge, la gravité modifie la peau. Les muscles, la peau et le cartilage s'affaiblissent et commencent à être tirés vers le bas. C'est aussi une des raisons pour lesquelles les personnes âgées ont des rides !

- Lorsque tu dors, tu ne sens rien. Les recherches indiquent que les gens ne réagissent pas aux odeurs lorsqu'ils dorment. Par conséquent, pour sentir l'odeur du petit-déjeuner dans la cuisine, il faut d'abord être réveillé.

- Il est possible de se fêler une côte en éternuant. Toutefois, c'est très rare et n'arrive généralement qu'aux personnes âgées ou aux personnes dont les os sont fragiles.

- Un éternuement peut dépasser les 1,6 km/h et générer environ 100 000 gouttes de liquide. N'oublie pas de mettre ta main devant ta bouche lorsque tu éternues !

- T'es-tu déjà demandé pourquoi nous toussons ou éternuons ? La toux et les éternuements sont des moyens naturels de notre corps pour expulser des substances étrangères, comme de la poussière…

- Les dents sont les seules parties du corps humain qui ne peuvent pas se guérir elles-mêmes. En effet, elles ne peuvent pas repousser ou déposer un nouveau tissu cicatriciel pour recouvrir une plaie ou une fissure.

- Un tiers des dents se trouve sous la gencive. Cela signifie que seuls deux tiers de la longueur des dents sont visibles.

- En moyenne, dans notre vie, nous passons environ 38,5 jours à nous brosser les dents. Peux-tu imaginer te brosser les dents pendant plus d'un mois d'affilée ?

- Tout comme nos empreintes digitales, les empreintes de notre langue sont différentes. Ta langue est différente de celle des autres. Personne n'a la même empreinte, la même taille et la même texture que toi. Tu es vraiment unique !

- L'âge moyen auquel la moelle épinière cesse de croître est 4 ans. La moelle épinière est constituée d'un ensemble de tissus nerveux et de cellules de soutien. Elle est responsable de la transmission des messages du cerveau au reste du corps.

Le cœur et d'autres parties du corps

- Les nourrissons ne versent pas de larmes avant l'âge d'un mois environ. Ils possèdent des canaux lacrymaux, mais leurs glandes lacrymales ne commencent à augmenter leur production de larmes que vers la fin du premier mois de leur vie.

- Les embryons développent des ongles alors qu'ils sont dans l'utérus. Dès le premier trimestre de la grossesse, les bébés ont le bout des doigts complètement développé. Les cheveux commencent également à pousser. Et puis… les femmes qui souffrent de brûlures d'estomac pendant la grossesse sont plus susceptibles de donner naissance à un bébé avec beaucoup de cheveux.

- Pendant une poussée de croissance, les enfants continuent de grandir jusqu'à ce que les extrémités des os longs fusionnent et cessent de s'allonger. Souvent, au cours d'une telle période, un bébé semble plus nerveux et irritable.

- Un enfant sur 2 000 ou 3 000 naît avec des dents. Le problème est que celles-ci peuvent être mobiles et risquent donc d'être avalées.

- Les enfants qui respirent par la bouche sont plus exposés à la laryngite. Cela est dû à la façon dont ils bougent leur langue. Il s'agit toutefois d'un problème qui peut être corrigé.

- Les enfants ne clignent des yeux qu'une ou deux fois par minute. Le nombre de clignements augmente régulièrement avec l'âge. La théorie expliquant pourquoi ils clignent si peu des yeux est que leur capacité à voir est incomplète et qu'ils travaillent dur, en étant fortement concentrés pour absorber les informations visuelles.

- Le sang représente environ 8 % du poids du corps. Environ 55 % du sang est constitué de plasma, qui est en réalité composé à 90 % d'eau.

- Le système circulatoire, veines et artères, est long de près de 100 000 kilomètres, chez un adulte. De quoi faire deux fois le tour du monde, et ce pour un seul être humain !

- Lorsqu'une personne rougit, la muqueuse de l'estomac devient également rouge. Le sang circule à la fois dans le visage et dans la paroi de l'estomac. Pourtant, de l'extérieur, cela ne se voit pas !

- Environ la moitié de notre corps est habité par des bactéries. Les micro-organismes représentent environ 1 à 3 % de notre masse corporelle, ce qui signifie qu'un adulte de 100 kilos contient un à trois kilos de bactéries.

- Le corps humain contient tellement de graisse que nous pourrions en faire environ sept pains de savon. Libre à toi ensuite, de l'utiliser ou non, lorsque tu prends une douche.

- Le corps est composé d'environ 60 % d'eau. Le cœur et le cerveau contiennent environ 73 % d'eau, tandis que les poumons en contiennent 83 %. Les muscles et les reins sont constitués de 79 % d'eau et les os en contiennent également 31 %.

- Un quart des os de notre corps se trouve dans les pieds. Un pied normal comporte environ 33 articulations, 26 os, 19 muscles et 107 ligaments.

Certaines personnes naissent avec encore plus d'os, en raison d'un phénomène appelé polydactylie.

- Les os sont emplis d'une substance spongieuse appelée moelle osseuse. Les os ne sont donc pas aussi durs que nous le pensons généralement, au contraire, ils sont un peu mous à l'intérieur.

- Sais-tu quel est le plus grand os de ton corps ? C'est le fémur, situé dans la cuisse, et c'est l'os le plus long et le plus grand que nous ayons !

- Les os sont composés de calcium, de phosphore, de sodium, de collagène et de nombreux autres minéraux. L'un de ces minéraux est l'hydroxyapatite, un genre de sel insoluble.

- Sais-tu que le corps humain produit environ 300 milliards de nouvelles cellules chaque jour ? Ce processus constant de division et de renouvellement des cellules contribue au bon fonctionnement de ton organisme et te permet de te remettre de tes blessures et de tes maladies.

- Sais-tu que ton corps émet une petite quantité de lumière trop faible pour être perçue par l'œil ? Cette lumière est 1 000 fois moins intense que ce que tu peux voir à l'œil nu. En fait, pratiquement toutes les créatures sur Terre émettent une faible lumière.

- Nos cellules se renouvellent, mais elles ne sont pas toutes identiques. Les cellules qui tapissent l'estomac se renouvellent tous les deux jours. Quelle que soit leur durée de vie, toutes les cellules finissent par mourir. C'est un peu triste, mais c'est inévitable.

- Sais-tu que les atomes de ton corps ont environ un milliard d'années ? En effet, l'hydrogène, l'élément le plus commun de l'univers et un élément important de notre corps, a été produit il y a 13,7 milliards d'années lors de la création de l'univers. Comme l'hydrogène est présent dans notre corps, certains de ses composés ont des milliards d'années ! N'est-il pas amusant de penser que chacun d'entre nous est aussi vieux que l'univers ?

❍ Normalement, il est impossible de se lécher le coude. Cependant, certaines personnes dotées d'une langue très longue et d'un bras très court parviennent à accomplir cet exploit légendaire. Je parie que tu es en train d'essayer en ce moment même !

❍ L'homme porte des gènes appartenant à d'autres espèces. Nous pourrions héberger jusqu'à 145 gènes provenant de bactéries et d'autres organismes unicellulaires. Tous ont trouvé leur place dans le génome humain.

❍ L'homme est peut-être apparenté aux champignons. Les scientifiques estiment que 1 % du génome humain pourrait provenir de plantes. En somme, les humains étaient autrefois en partie des plantes !

❍ Lorsqu'il fait froid, les ongles poussent plus lentement. C'est l'inverse quand il fait chaud. Cela s'explique par le fait que la circulation du corps est plus faible par temps froid.

❍ Le cœur est le seul muscle qui ne se fatigue pas. Il est constitué de cellules spéciales appelées cardiomyocytes, qui sont très résistantes à la fatigue. Leur production d'énergie est 10 fois supérieure à la densité des mitochondries.

❍ Ton rythme cardiaque se synchronise avec la musique que tu écoutes. Des études ont montré que la musique rapide peut augmenter le rythme cardiaque et accélérer la respiration.

❍ Sais-tu que le cœur humain peut également battre en dehors du corps ? Il n'a pas besoin d'un corps ou d'un cerveau pour continuer à battre, car il possède un système électrique qui lui permet de battre et de pomper le sang.

- Le cœur bat environ 100 000 fois par jour. Il fait également circuler l'équivalent de 2 000 litres de sang dans le corps chaque jour.

- Le cœur des femmes bat légèrement plus vite que celui des hommes. Le rythme cardiaque moyen d'un homme se situe entre 70 et 72 battements par minute, celui d'une femme entre 78 et 82 battements par minute.

- En parlant du cœur, tu connais bien le bruit qu'il fait lorsqu'il bat ! Celui-ci est dû à l'ouverture et à la fermeture des valves cardiaques.

- Sais-tu que le premier cas connu d'une maladie cardiaque a été identifié chez une momie égyptienne vieille de 3 500 ans ? Plus précisément, la momie présentait une maladie cardiaque qui épaississait les parois des artères. Il a été découvert qu'un pharaon souffrait du même problème ! Il ne s'agit donc pas d'une maladie récente. Il est curieux de penser qu'il y a des milliers d'années, les gens souffraient des mêmes problèmes que ceux que nous connaissons aujourd'hui. Même si beaucoup de temps s'est écoulé, nous ne sommes pas si différents.

- Le matin, nous mesurons environ un centimètre de plus que le soir. Cela s'explique par le fait que la gravité comprime le cartilage de la colonne vertébrale, des genoux et d'autres parties du corps lorsque nous sommes assis et debout pendant la journée.

- Certaines personnes ont la capacité de prédire le temps qu'il fera grâce à leurs articulations, leurs muscles et leurs ligaments. Elles disent qu'elles sont plus raides et souffrent davantage lorsque le temps est humide et froid, alors qu'elles se sentent mieux lorsqu'il fait chaud. En effet, la baisse de pression, qui annonce le mauvais temps, signifie que l'air exerce une pression moindre sur notre corps.

- La plus grande articulation du corps est le genou ! C'est l'une des articulations les plus complexes et elle est essentielle à nos mouvements.

- Le foie est le seul organe capable de se régénérer. Même si, par la chirurgie, on lui enlève jusqu'à 75 % de son volume, il peut retrouver sa taille initiale en l'espace de quelques mois. Cette remarquable aptitude à se régénérer est due à la capacité unique du foie à produire de nouvelles cellules et de nouveaux tissus.

- Les poumons sont les seuls organes qui peuvent flotter sur l'eau. Ils contiennent 300 millions de corps semblables à de petites chambres à air, appelées alvéoles. Les poumons nous aident aussi à flotter dans l'eau ! Lorsque nous inspirons de l'air, ils se remplissent d'oxygène comme des ballons et nous aident à flotter !

- Les doigts de la main ont des muscles intrinsèques et extrinsèques. Ce sont les muscles de la paume et des avant-bras, ainsi que leurs tendons, qui permettent le mouvement et le contrôle complet des doigts.

- Le mot "muscle" vient du mot latin "musculus" signifiant "petite souris". Les Romains utilisaient ce terme, parce qu'ils pensaient que les muscles fléchis ressemblaient à de petites souris. Je me demande si les culturistes sont du même avis.

- Le nerf sciatique est le nerf le plus long du corps et va des orteils à la moelle épinière, dans la colonne vertébrale. Il est presque aussi grand que toi !

- Un homme nommé Tim Storms, chanteur de musique gospel, détient le record de la voix la plus grave du monde. Il est capable d'émettre des sons si graves que ni lui, ni les autres humains ne peuvent parfaitement entendre. Les éléphants, eux, les entendent très bien !

- La personne la plus âgée de notre monde contemporain est une Française du nom de Jeanne Louise Calment. Elle a atteint l'âge de 122 ans et elle est décédée en 1997. Elle était née en 1875, environ 14 ans avant la construction de la tour Eiffel et environ 15 ans avant l'invention du cinéma. Tu imagines le nombre de choses qu'elle a vues au cours de sa vie ?

- L'Espagnole Maria del Carmen Bousada de Lara est devenue célèbre pour avoir donné naissance à des jumeaux en 2006, à l'âge de 67 ans.

- Le monde regorge de phobies intéressantes. Une phobie est une peur de quelque chose. Une phobie très répandue dans le monde s'appelle la trypophobie, ou la peur des petits trous !

- La peau est le plus grand organe du corps humain. La peau, y compris ses éléments constitutifs tels que les cheveux, les ongles, les glandes sudoripares et sébacées, forme ce qui est appelé le système tégumentaire. La peau protège des bactéries, des produits chimiques et des températures élevées ou basses.

- Chaque minute, nous perdons environ 30 000 cellules mortes. En réalité, la plus grande partie de la "poussière" dans la maison est constituée de cellules mortes. Beurk ! Je parie que tu verras désormais la propreté de ta chambre d'un œil plus positif !

- Notre peau se renouvelle chaque mois, sans que nous nous en rendions compte. Cela signifie qu'au cours de notre vie, nous changeons de peau environ 1 000 fois.

- Notre corps possède 2,5 millions de pores sudoripares. Cependant, certaines personnes chanceuses en ont jusqu'à 4 millions. La glande sudoripare est un petit tube enroulé sous le derme qui est la couche intermédiaire de la peau, pour s'ouvrir sur la peau.

- La chair de poule fait partie d'un mécanisme de défense. Nos ancêtres avaient la chair de poule lorsqu'ils se trouvaient dans des situations dangereuses ou qu'ils voyaient des prédateurs. Les poils de leurs bras se dressaient alors pour les faire paraître plus menaçants.

- Notre peau abrite plus de 1 000 types de bactéries. Ces bactéries sont similaires d'une personne à l'autre, ce qui signifie que nous portons tous des formes de bactéries très similaires sur notre corps. Nous pourrions être des jumeaux sur le plan des bactéries !

- La peau la plus fine de notre corps est celle des paupières, tandis que la plus épaisse est celle de la plante des pieds et des paumes.

- La peau représente environ 15 % du poids de notre corps. Une personne moyenne possède environ 21 mètres carrés de peau, qui contiennent plus de 17 km de vaisseaux sanguins.

- Dans un seul centimètre carré de peau, il y a environ 19 millions de cellules et 300 glandes sudoripares. L'homme transpire beaucoup !

- L'intestin grêle mesure environ trois mètres de long, ce qui signifie qu'en position étirée, il serait beaucoup plus grand que toi !

- Le rein droit est légèrement plus bas que le rein gauche en raison de la position du foie. Il est environ un à deux centimètres plus bas que le gauche.

- Nous devenons plus créatifs sous la douche. Il est prouvé que l'eau chaude stimule notre humeur et nous encourage à mieux penser. Alors, si tu es coincé dans une révision compliquée, tu prends une douche et tu verras que ton cerveau va… s'accélérer !

- Les moustiques sont plus susceptibles de piquer les femmes parce qu'elles ont généralement plus chaud que les hommes et que la chaleur attire les insectes.

- Au cours de sa vie, une personne passe en moyenne un an assise sur les toilettes. Peux-tu imaginer rester assis sur les toilettes pendant une année entière ?

- Les humains ont un style de marche unique par rapport aux autres primates. Lorsque nous marchons, nous balançons nos bras dans la direction opposée à celle de nos jambes, un mouvement appelé "coordination bras-jambes controlatérale". Ce mouvement a peut-être évolué pour nous aider à conserver de l'énergie et à maintenir l'équilibre lorsque nous marchons debout.

- Les pets ne sentent mauvais qu'à cause des bactéries qui libèrent des gaz soufrés qui se trouvent dans les intestins. Ainsi, si quelqu'un te reproche l'odeur, tu peux répondre… "Ce n'est pas moi, ce sont les bactéries !"

- Une personne moyenne pourrait gonfler un ballon avec la quantité de pets qu'elle produit en une journée. Le créateur du coussin péteur avait peut-être raison !

Si tu peux l'imaginer, tu peux le faire

Des inventions géniales et des technologies extraordinaires

- Dans la plupart des publicités, si une heure apparaît, il s'agit généralement de 10 h 10. Ainsi, dans les publicités pour les montres, les aiguilles sont généralement réglées sur 10:10 parce qu'elles semblent plus attrayantes visuellement.

- Google tire son nom de googol, un nombre suivi de 100 zéros. À l'origine, la société s'appelait Backrub. Mieux que Google, qu'en penses-tu ?

- Aux États-Unis, une pièce de dix cents présente 118 stries sur les bords. Les pièces de 25 cents en comportent 119, les demi-dollars 150 et les pièces d'un dollar 133. Les stries ont été ajoutées aux pièces parce qu'elles sont utiles pour les personnes ayant une vue déficiente.

- Le monde dans lequel nous vivons est désormais un monde connecté. Tu n'y crois pas ? En Estonie, tu peux te connecter au WiFi même dans les bois et sur le mont Everest, il y a le réseau "Everest Link", qui propose différents forfaits de connexion pour les expéditions qui s'attaquent à la plus haute montagne du monde.

- Le 17 décembre 1903, Wilbur et Orville Wright ont fait voler le premier avion motorisé de l'histoire. Le premier vol n'a duré que 12 secondes et n'a atteint qu'une hauteur de 35 mètres. Cependant, une fois qu'ils ont compris comment faire, rien ne les a arrêtés !

- Qui a inventé la première automobile ? En 1495, Léonard de Vinci dessine un véhicule qui est considéré comme l'ancêtre de l'automobile moderne. Son dessin comprenait une colonne de direction, un différentiel et un système de pignon. Il aurait été impossible de créer un tel véhicule avec les outils disponibles à l'époque, mais c'est lui qui en a eu l'idée le premier ! Léonard était définitivement en avance sur son temps.

- Nous pensons fréquemment que Léonard de Vinci a créé les ciseaux, mais ce n'est pas exact ! Les ciseaux existaient depuis longtemps. En réalité, certains historiens pensent qu'ils ont été inventés au Moyen-Orient il y a environ 3 000 à 4 000 ans.

- Sais-tu que l'ouvre-boîte a été inventé 48 ans après l'invention des boîtes de conserve ? Mieux vaut tard que jamais ! Imagine la frustration des gens qui essayaient d'ouvrir des boîtes de conserve avant l'arrivée de l'ouvre-boîte !

- Le processeur du véhicule Mars Rover coûte plus de 200 000 dollars, mais il présente des similitudes avec le processeur utilisé dans un iMac original.

- Samsung soumet ses téléphones à un test à l'aide d'un robot en forme de fesses. Comme il arrive souvent que les gens s'assoient sur leur téléphone, l'entreprise sud-coréenne a créé un robot en forme de fesses qui s'assoit sur les téléphones pour en tester la durabilité. Le robot porte même un jean !

- Les mouchoirs Kleenex étaient à l'origine utilisés comme filtres dans les masques à gaz. Toutefois, après la fin de la guerre, les masques à gaz n'étant plus nécessaires, les gens ont commencé à utiliser les Kleenex pour s'essuyer le visage.

- Tu as déjà remarqué cette petite poche sur le devant de ton jean dans laquelle tu ne peux rien mettre ? À l'origine, elle était destinée à accueillir des montres de poche. Il semble qu'aujourd'hui, les fabricants de jean la conservent comme une tradition.

- C'est vers 1750 que la première colle a été brevetée en Grande-Bretagne. La substance était créée à partir de poisson ! Je suppose que le bricolage n'était pas si fréquent à l'époque… tu imagines l'odeur !

- Le concept de la bombe aérosol remonte à 1790, lorsque fut inventé en France un siphon muni d'une valve qui permettait de pressuriser et de gazéifier les boissons.

- La marque automobile Mercedes a inventé une voiture commandée par un joystick qui remplaçait le volant et les pédales et pouvait être utilisée en étant assis sur le siège du passager.

- C'est le 8 octobre 1945 que Percy Spencer a inventé ce qui est devenu un appareil indispensable dans toutes les cuisines. Il s'agit du principe du micro-ondes ! Pourtant, le pauvre homme n'a reçu que deux dollars de la société pour laquelle il travaillait et rien d'autre ! C'est vraiment injuste.

- L'une des entreprises les plus chères au monde, Apple Inc. a été créée le 1er avril. Mais à en juger par les résultats, ils ne plaisantaient pas du tout !

- Les premières chaussures Nike ont été inspirées par un gaufrier ! Le créateur, Bill Bowerman, voulait créer une paire de chaussures légères pouvant être portées partout. Un matin, en mangeant une gaufre, il a eu l'idée d'apposer un motif de gaufre sur la semelle des chaussures. C'est ainsi que sont nées les célèbres chaussures portées par les athlètes dans les années 1970.

- Le premier vol commercial n'a duré que 23 minutes. Il s'agissait d'un vol aux USA, en Floride, entre deux villes et avec seulement deux passagers. Je parie qu'ils n'ont même pas eu le temps de feuilleter le magazine de bord ou de prendre un en-cas !

- La pénicilline était à l'origine connue sous le nom de "jus de moisissure". En effet, la pénicilline, premier antibiotique utilisé par les médecins, était extraite de champignons et de moisissures. Le chercheur a utilisé ces jus et les a appelés "jus de moisissure". C'est une bonne chose qu'il ait changé de nom.

- À l'origine, les poussettes étaient conçues pour être tirées par des chèvres ! En effet, elles avaient été créées pour les personnes de la classe moyenne supérieure qui pouvaient utiliser des animaux de ferme pour transporter leurs enfants partout.

- Thomas Edison a enregistré des vidéos de chats avant même qu'Internet n'existe. Le célèbre scientifique s'est intéressé aux caméras et a enregistré une série de courts métrages étranges. L'un d'entre eux, intitulé "Boxing Cats", montrait un cirque de chats dressés à faire des choses étranges.

- Sais-tu ce qu'est un télécopieur ? Il s'agit d'une invention ancienne qui servait à envoyer des documents à distance, comme une première forme de courrier électronique. Aujourd'hui, peu d'entreprises et de personnes l'utilisent encore. Tout le monde a tendance à considérer le télécopieur comme un gadget des années 1980, mais il a en fait été breveté dès 1843 !

- Sais-tu que nous utilisons mal les nappes ? À l'origine, la nappe n'avait pas pour fonction de couvrir la table, mais d'être une sorte de grande serviette. Il suffisait de la prendre et de s'essuyer la bouche ou les mains avec, et votre voisin faisait de même ! C'était une sorte de grande serviette commune !

- Autrefois, les escaliers mécaniques faisaient peur aux gens. Si j'avais été une personne du passé et que je voyais un escalier mécanique pour la première fois, je pense que j'aurais eu peur aussi ! Pour rassurer le public, les inventeurs des escaliers mécaniques ont engagé un unijambiste pour montrer qu'ils étaient vraiment sûrs. Il a grimpé et descendu l'escalier mécanique pour prouver aux gens qu'ils ne risquaient pas de tomber.

- En parlant de choses impopulaires, sais-tu que les chariots de supermarché n'étaient pas appréciés du tout, lors de leur création ? Comme l'inventeur des escaliers mécaniques, l'inventeur des chariots de supermarché a dû embaucher des personnes pour faire le tour des magasins afin que les gens se rendent compte de leur utilité.

- Facebook compte plus d'utilisateurs que les populations des États-Unis, de la Chine et du Brésil réunies. Tes messages pourraient donc avoir une large audience !

- XploreAir Paravelo est un vélo qui vole. Il peut atteindre 40 kilomètres par heure dans les airs et 1 200 mètres d'altitude. Voudrais-tu faire un tour avec lui ?

- Les lunettes de soleil n'ont pas été inventées pour protéger les yeux du soleil. Elles ont été créées en Chine pour les juges qui voulaient cacher leurs expressions faciales pendant les procès.

- Dans le monde d'aujourd'hui, il y a plus de téléphones mobiles que de toilettes ou de brosses à dents.

Ce n'est que du plaisir et des jeux

- Le nom complet de Barbie est Barbara Millicent Roberts et elle est originaire du Wisconsin. Sa ville natale s'appelle Willows. Cependant, il s'agit d'un lieu fictif, il n'est donc pas possible de se rendre dans la ville natale de Barbie.

- Barbie a été conçue pour ressembler à une poupée allemande inspirée d'un personnage de dessin animé appelé Bild Lilli.

- La craie est constituée de fossiles de plancton. Il s'agit essentiellement d'un calcaire bioclastique à grain très fin composé de coquilles de divers animaux marins tels que des foraminifères, des coccolithes et des rhodolithes.

- Tu te souviens des Magical Flying Ballerinas ? Ce jouet a été commercialisé au début des années 2000 mais n'a pas fait long feu. Après quelques centaines de blessures causées par les vols imprévisibles des danseuses, le produit a été retiré du marché.

- Pour être précis, la GameCube de Nintendo n'est pas un vrai cube, puisqu'elle mesure 11,5 X 15 X 16 cm.

- Tu peux faire plus de coups d'échecs que le nombre total d'atomes dans l'univers. Quel jeu compliqué !

- Sais-tu qu'il est possible de gagner aux échecs en seulement deux coups ? Il s'agit du *mat du fou*, un piège d'ouverture considéré comme l'échec et mat le plus rapide au jeu d'échecs.

- Le créateur du yoyo, pour aider à la vente et encourager l'intérêt pour son jouet, a lancé une rumeur selon laquelle les yoyos pouvaient être utilisés comme armes. J'espère que personne n'a été blessé !

- Play-doh a été créé à l'origine pour nettoyer le papier peint. Il a été transformé en jouet après que des enfants aient été surpris en train de jouer avec. Je pense qu'il réussit mieux en tant que jouet. Apparemment, il ne nettoyait pas très bien le papier peint.

- Le nom Lego vient de l'expression danoise “leg godt” qui signifie “jouer calmement”. C'est un nom plutôt approprié pour l'un des jouets les plus célèbres au monde.

- Sais-tu que les Furbies ont été interdites par l'Agence nationale de sécurité américaine ? L'agence craignait que les petites marionnettes en fourrure n'écoutent des conversations top secret et ne les répètent à d'autres personnes !

- Les joueurs du jeu vidéo Call of Duty utilisent en moyenne en 17 heures, la quantité de munitions que l'armée américaine utilise en une année entière, environ 1,5 milliard.

- Monsieur Patate a été le premier jouet à apparaître dans une publicité télévisée. La publicité demandait explicitement aux enfants de demander de l'argent à leurs parents pour acheter Monsieur Patate.

- Le plus vieux jouet du monde est un bâton. Effectivement en 2008, le National Toy Hall of Fame a introduit le bâton dans sa collection de jouets extraordinaires, en tant que plus vieux jouet du monde.

- En 1991, une voiture-jouet appelée Little Tikes Cozy Coupe a dépassé les ventes de la Honda Accord et de la Ford Taurus pour devenir la voiture la plus vendue aux États-Unis. Bien sûr, la voiture-jouet n'était pas capable de parcourir de longues distances et son prix était beaucoup plus abordable qu'une vraie voiture !

- Le ballon est l'un des jeux les plus populaires au cours de l'histoire. Dans l'Antiquité, il était souvent utilisé lors de cérémonies sacrées. D'ailleurs, aujourd'hui encore, les ballons sont sacrés… Il suffit de demander à ceux dont le football est la religion !

- L'origine du mot "jouet" est inconnue. Nous pensons toutefois qu'il a été utilisé pour la première fois au XIVe siècle, à une époque où les enfants jouaient principalement avec des poupées d'argile et des bâtons.

- Le premier puzzle a été conçu en 1762 par un graveur de cartes londonien, nommé John Spilsbury. Il a gravé une carte sur du bois, puis l'a découpée en plusieurs morceaux qu'il a donnés à des enfants pour qu'ils les assemblent.

- Le jouet le plus cher du monde est Astolat Dollhouse Castle et coûte 8,5 millions de dollars. C'est cher pour une vraie maison, alors ne parlons pas d'une maison de poupée. À ce prix-là, il vaudrait mieux qu'elle soit assez grande pour pouvoir y vivre !

- Le jeu "Twister" s'appelait à l'origine "Pretzel". C'est logique, puisque le jeu te fait tourner comme un bretzel !

- Dans la langue africaine swahili, le mot "jenga" signifie "construire". Les blocs Jenga ont été inventés par une Africaine du nom de Leslie Scott. Sa première langue était le swahili et c'est donc tout naturellement qu'elle a baptisé le célèbre jeu "Jenga".

- L'idée du frisbee est née lorsque des étudiants de Nouvelle-Angleterre se sont lancés des moules à tarte en criant "frisbee". Un homme nommé Walter Frederick Morrison et ses amis ont alors décidé de créer une version en plastique du moule à tarte, capable de voler plus loin et avec plus de précision.

- La pédiophobie est la phobie de certaines poupées ou marionnettes, qui peut toucher aussi bien les enfants que les adultes. Cette phobie est souvent liée à la coulrophobie, la peur des clowns.

- Les crayons de couleur Crayola sont vendus depuis plus de 100 ans. La boîte originale coûtait cinq centimes de dollar américain et ne contenait que huit crayons.

- Apparemment, à la fin du XVIIIe siècle, une réplique de la guillotine de 50 cm de haut était un jouet courant pour les petits Français.

Friandises, en-cas et alimentation

- Le Centre for Retail Research affirme que le fromage est l'aliment le plus volé au monde. Selon des études menées par ce centre de recherche, il semblerait que 4 % de la production mondiale de fromage finisse entre les mains de voleurs !

- La garniture des barres Kit Kat n'est rien d'autre que des Kit Kat qui n'ont pas pu être vendus parce qu'ils étaient cassés. Au lieu de jeter les Kit Kat cassés, ils les broient et les mettent à l'intérieur de nouveaux Kit Kat !

- La confiture et la gelée de fruits sont deux choses différentes. La confiture est faite à partir de fruits écrasés, tandis que la gelée est faite exclusivement à partir des jus des fruits. Elles ont des saveurs et des textures différentes, il ne faut pas les confondre !

- Sais-tu qu'une collation peut te calmer ? 25 % des personnes affirment que le fait de prendre un en-cas les empêche de manifester leur émotion en public. Je vais de ce pas manger quelque chose.

- Les M&Ms portent le nom de deux hommes d'affaires, Forrest E. Mars et Bruce Murrie. Les M&Ms représentent donc Mars et Murrie.

- Plus de 200 saveurs de Kit Kat ont été disponibles au Japon. Parmi elles, le thé vert, le pain aux haricots rouges et les piments épicés et amers. Aimerais-tu goûter l'un de ces parfums ?

- De grandes quantités de pistaches peuvent s'enflammer spontanément en raison de leur teneur élevée en huile et de la faible quantité d'eau qu'elles contiennent. C'est pourquoi elles sont expédiées dans certaines conditions très contrôlées et font l'objet d'un suivi régulier.

- La musique peut inciter à boire plus et plus vite. C'est ce qu'affirme une étude française et c'est la raison pour laquelle les bars mettent souvent de la musique d'ambiance dans leurs locaux.

- Sais-tu que les autocollants que tu trouves sur les fruits peuvent être mangés ? Bien qu'ils soient peu toxiques, il est préférable de les enlever !

- Au Japon, il y a un distributeur automatique pour 40 personnes. En fait, le Japon est connu pour son grand nombre de distributeurs automatiques, ainsi que pour les objets bizarres qu'ils contiennent. Il y a des distributeurs de nouilles, d'appareils photo et de glaces, et pas seulement de boissons et d'en-cas.

- À l'origine, les oranges n'étaient pas orange, mais vertes ! Dans certains pays, comme la Thaïlande, les oranges sont encore vertes.

- Étymologiquement et culturellement parlant, les cacahuètes n'appartiennent pas à la famille des fruits secs, mais sont des légumineuses, comme le soja, les lentilles et d'autres types de haricots. C'est pourquoi elles étaient nommées pois de Terre.

- Le siège de la CIA, la Central Intelligence Agency, dispose d'un Starbucks, mais les baristas ne peuvent pas écrire les noms des agents sur les tasses. Je me demande comment ils savent à qui appartient la commande.

- La ville de Montpelier, dans le Vermont, un État du nord-est des USA, n'a pas de McDonald's. Bien sûr, il y a beaucoup d'autres lieux dans lesquels il n'y a pas de McDo. Mais comme Montpelier est la capitale d'un État, et il est plutôt étrange qu'il n'y ait pas de McDo. Toutefois, c'est aussi une capitale peu peuplée, avec seulement 7 500 habitants.

- McDonald's a créé un jour des brocolis au goût de chewing-gum. Il s'agissait d'une tentative pour inciter les enfants à manger plus sainement, mais apparemment elle a échoué parce que les enfants étaient surpris par le goût. Tu aimerais en goûter ?

- S'il n'y avait pas de moustiques, il n'y aurait pas de chocolat non plus ! Ces insectes sont en effet les pollinisateurs des plants de cacao et jouent un rôle clé dans leur développement et leur croissance.

- En 2015, l'astronaute italienne Samantha Cristoforetti a emporté un café moka dans l'espace ! Le café du matin est indispensable, même si tu es dans l'espace.

- Les Doritos ont été inventés à Disneyland. Il y avait à Disneyland un restaurant sur le thème des Fritos qui proposait des snacks à base de farine de maïs pour accompagner les repas. Un employé du restaurant a remarqué que les tortillas inutilisées étaient jetées. Il a donc suggéré de les couper en triangles, de les faire frire et de les assaisonner. Le restaurant a fait un essai et les gens ont aimé. Les Doritos étaient nés.

- Les Oreos sont végétaliens. Ils ne contiennent ni produits laitiers ni produits animaux. La garniture ne contient ni lait ni crème, mais du sucre et de l'huile.

- Les Twinkies ne durent pas aussi longtemps que tu le penses. Et certainement pas 50 ans sur une étagère, malgré certaines rumeurs persistantes. Mais alors, que vais-je manger en cas d'apocalypse zombie ?

- Aujourd'hui, le poivre est une épice qui ne manque jamais à la maison, mais il était autrefois considéré comme un produit de luxe. Avant le XVIIIe siècle, il était utilisé pour payer des impôts ou même comme monnaie d'échange.

- Ferrero, le fabricant du Nutella, utilise environ un quart des stocks mondiaux de noisettes. Cela représente plus de 100 000 tonnes par an ! Je crois que la demande de Nutella est très forte.

- Les bâtons glacés ont été inventés par un garçon qui a accidentellement laissé un mélange de soda en poudre et d'eau dans son congélateur durant la nuit.

- Les aliments que l'on classe dans la malbouffe créent volontairement une dépendance par leur texture et les substances chimiques qu'ils contiennent. Ces substances produisent de la dopamine, qui est la substance chimique du bonheur, dans ton cerveau. Le croquant, la réaction salivaire et le goût peuvent créer une dépendance.

- Taco Bell a été poursuivi en justice parce que quelqu'un a affirmé que la viande contenue dans ses tacos n'était pas de la vraie viande. L'entreprise a répondu en affirmant que la viande contenue dans ses produits était composée à 88 % de bœuf. Tu te demandes ce que contiennent les 12 % restants ? Des additifs et des assaisonnements !

- L'inventeur des sandwiches est connu sous le nom de Lord Sandwich. De son vrai nom John Montagu. Il jouait aux cartes un jour et ne voulait pas quitter la table, même pour manger. Il a donc demandé deux tranches de pain avec du rôti de bœuf au milieu, afin de pouvoir le manger d'une seule main. Le sandwich était né !

- La pizza hawaïenne a été créée au Canada. Il s'agit là d'un autre cas de dénomination trompeuse d'une recette. L'homme qui a créé la pizza hawaïenne était un Canadien d'origine grecque nommé Sam Panopoulos. Propriétaire d'une pizzeria, il a décidé d'ajouter de l'ananas à l'une de ses pizzas. Il prenait un risque mais ses clients ont adoré ! C'est ainsi qu'est née la fameuse pizza à l'ananas. Il a commencé à l'appeler “pizza hawaïenne” en raison de la marque d'ananas en conserve qu'il utilisait.

- Les Romains de l'Antiquité trempaient le pain grillé, et souvent brûlé, dans leur vin. Cela peut sembler dégoûtant ! Mais les Romains pensaient que le pain brûlé rendait le mauvais vin plus agréable à boire. Et il semble qu'ils avaient raison ! Les scientifiques modernes ont découvert que le carbone contenu dans le pain grillé réduit l'acidité du vin.

- En parlant de vin, la bouteille de vin la plus chère jamais vendue a coûté la somme incroyable de 558 000 dollars. Elle a été vendue en 2018 à un collectionneur. Il s'agissait d'une bouteille extrêmement rare du millésime 1945, qui avait donc plus de 70 ans ! Avec seulement 600 bouteilles produites au total, il s'agissait d'un achat très exceptionnel. Le nom du vin ? Un Château Mouton Rothschild.

- La plus ancienne bouteille de vin non ouverte au monde a été découverte en Allemagne en 1867. Il s'agit de la bouteille de vin de Spire, qui remonterait à une époque comprise entre 325 et 350 de notre ère. Elle n'a jamais été ouverte, toutefois son contenu a vieilli au fil des siècles et semble s'être transformé en un liquide huileux et laiteux !

- Sais-tu qu'en Angleterre et en Amérique du Nord, tout le monde croyait que les tomates étaient toxiques ? Heureusement, le colonel Robert Gibbon Johnson n'a pas cru à cette rumeur et a décidé d'en manger une, devant les citoyens effrayés de Salem City. Une foule s'était rassemblée pour assister à la démonstration, dont un médecin, au cas où ! Bien entendu, il n'arriva rien au colonel Johnson et la rumeur s'éteignit. C'est donc à lui que nous devons non seulement les tomates, mais aussi la pizza et le ketchup !

- Les bananes peuvent être radioactives. C'est le potassium qu'elles contiennent qui se désintègre et les rend radioactives, mais en quantités infimes. Il faudrait manger des milliers de bananes pour être intoxiqué par les radiations. N'arrête donc pas de manger des bananes, elles sont très bonnes pour toi !

- Les amandes font partie de la famille des pêches, leur classification les plaçant dans la famille des *prunus dulcis*. Si tu ouvres le noyau d'une pêche, tu verras qu'il ressemble à une amande. Il s'agit pourtant de deux fruits différents. Les amandes et les pêches sont plutôt des cousines.

- L'avocat est un fruit et non un légume. Plus précisément, les botanistes définissent l'avocat comme une grosse baie ne contenant qu'une seule graine. Il n'est pas aussi sucré que d'autres fruits, mais il présente d'excellents avantages pour la santé. En tout cas, fruit ou légume, il est délicieux !

- Il existe un fruit dont le goût rappelle celui du chocolat. Il s'agit de la *sapote noire,* également connue sous le nom de fruit au chocolat. Il ressemble même à un gros morceau de chocolat ! Il est cultivé dans les régions subtropicales de l'Australie, mais tu peux le cultiver dans ton jardin si tu as un bon sol et que les hivers ne sont pas rigoureux. Il est temps de te mettre au jardinage !

- Le piment Dragon's Breath (souffle du dragon en français) est si fort qu'il pourrait te conduire à l'hôpital ! Ce piment dangereux présente une unité Scoville (une échelle pour mesurer la force des piments) de 2,48 millions. Aussi incroyable que cela puisse paraître, ce n'est même pas le piment le plus fort du monde ! Le Pepper X l'a récemment dépassé avec une unité Scoville impressionnante de 3,18 millions ! Pour te donner une idée de l'intensité de ce piment, tu peux le comparer à un piment jalapeño, dont l'unité Scoville est comprise, seulement, entre 2,5 et 8 000 !

- Sais-tu que la barbe à papa, l'une des pires sucreries pour la santé dentaire, a été inventée par un dentiste ? Il l'a probablement fait pour stimuler ses affaires !

- La noix de muscade peut altérer l'esprit si elle est consommée en trop grande quantité. Ce phénomène est appelé intoxication à la myristicine et peut se produire en consommant jusqu'à deux cuillères à café de noix de muscade. Les symptômes sont les suivants : confusion, vertiges, sécheresse de la bouche et étourdissements.

- L'arôme de vanille peut être obtenu à partir de plastique. La vanilline, la molécule qui donne à la vanille son parfum typique, peut être créée à partir de matériaux synthétiques. Bien qu'il s'agisse d'une méthode de recyclage plutôt pratique, il est fou de penser que la vanille que nous dégustons pourrait être du plastique !

- Manger un poisson-globe peut être mauvais pour la santé. Le poisson-globe est en effet porteur d'une toxine, la tétrodotoxine, pour laquelle il n'existe pas d'antidote connu. Malgré cela, certaines personnes continuent à en consommer en particulier au Japon, où le poisson-globe, appelé aussi *fugu*, est un plat de luxe. Toutefois, il ne peut être servi que dans des restaurants spécialisés et cuisiné par des chefs expérimentés, qui savent exactement comment le préparer en toute sécurité. Bon appétit !

Quiz sur la culture musicale et pop

Musique, Maestro !

- En 2016, Mozart a été l'artiste qui a vendu le plus de CD, dépassant Adèle, Beyonce et Drake, bien qu'il soit mort il y a plus de 300 ans ! Imaginez s'il revenait et partait en tournée !

- "Bohemian Rhapsody" a été la chanson la plus écoutée du XXe siècle, mais ce n'est qu'en 2019 qu'elle est devenue la chanson de classic rock la plus écoutée de tous les temps. Cette année-là, elle a atteint un milliard de vues sur YouTube.

- Sais-tu que chanter en groupe peut améliorer l'humeur ? Cette activité réduit l'hormone du stress et augmente l'hormone du bien-être. Elle peut également être bénéfique pour la santé physique !

- La chanson "Wannabe" des Spice Girls est officiellement la chanson la plus entraînante de tous les temps. Une étude montre que les gens sont capables de reconnaître le refrain en moins de trois secondes.

- La capitale mondiale du heavy metal est la Finlande. Ce pays scandinave est celui qui compte le plus grand nombre de groupes de métal par habitant. La ville qui compte le plus grand nombre de groupes est Lemi. Il n'y a que 3 076 habitants mais... 13 groupes de musique !

- En 2015, un astronaute canadien a sorti un album dont toutes les pistes ont été enregistrées dans l'espace. Il doit s'agir d'un album spatial !

- Les chansons de Britney Spears sont utilisées par la marine britannique pour éloigner les pirates somaliens des côtes africaines. Apparemment, les pirates somaliens détestent la musique occidentale et s'enfuient lorsqu'ils entendent Britney Spears chanter. Il se trouve que j'aime la musique de Britney, mais tant mieux si les pirates n'y connaissent rien.

- "Jingle Bells", la célèbre chanson de Noël, était destinée à Thanksgiving. Elle a été publiée en 1857 sous le titre original de "The One Horse Open Sleigh" (Le traîneau à un cheval), et devait être chantée par une chorale le jour de Thanksgiving.

- ❍ La musique influe sur nos sentiments. Une musique joyeuse et entraînante fait produire à notre cerveau des substances chimiques telles que la dopamine et la sérotonine, tandis qu'une musique relaxante calme l'esprit et le corps.

- ❍ Une légende populaire raconte que la musique aide les plantes à grandir et certaines personnes font écouter de la musique à leurs plantes dans l'espoir qu'elles deviendront grandes et fortes.

- ❍ Aucun des Beatles ne savait lire ou écrire la musique. Ce qui montre que nous pouvons réussir même si nous ne sommes pas doués pour tout !

- ❍ Un violon détient le record de l'instrument de musique le plus cher de tous les temps. Il a été vendu pour 15,9 millions de dollars. Je n'ose imaginer le coût de remplacement d'une corde cassée !

- ❍ Le seul groupe à avoir joué sur les sept continents est le groupe de heavy metal Metallica. Il a même donné un concert en Antarctique !

- ❍ Les élèves qui jouent d'un instrument ou suivent des cours de solfège obtiennent de meilleurs résultats aux tests, en général. Selon le US College Board, en 2006, les élèves qui pratiquaient la musique ont obtenu en moyenne 57 points de plus pour la partie linguistique et 43 points de plus pour la partie mathématique du test.

- ❍ L'activité cérébrale augmente lorsque nous écoutons de la musique. Il a été démontré que l'écoute de la musique augmente la neurogenèse dans l'hippocampe, ce qui améliore la mémoire et favorise la production de nouveaux neurones.

- ❍ Un orgue a été conçu pour jouer durant 639 ans. Il se trouve en Allemagne, dans l'église Saint-Burchardi à Halberstadt. Cet orgue joue seul le morceau "As Slow as Possible" écrit par John Cage. S'il ne tombe pas en panne, l'instrument devrait jouer jusqu'en 2640. Et moi qui pensais que les films du *Seigneur des anneaux* étaient longs !

❍ La musique favorise la santé cardiaque. Il a été démontré que la musique a un effet sur le rythme cardiaque et la tension artérielle, en particulier chez les patients souffrant d'une maladie coronarienne. L'écoute de musique relaxante réduit la fréquence cardiaque et respiratoire ainsi que la demande en oxygène du cœur des patients.

❍ L'éminent *Oxford English Dictionary* a inclus le terme “Stan” dans le dictionnaire de la langue anglaise à partir d'une célèbre chanson d'Eminem datant de 2000. Ce terme signifie “fan obsédé par une célébrité” et peut être utilisé comme nom ou comme verbe.

❍ Les vaches produisent plus de lait lorsqu'elles écoutent de la musique, en particulier de la musique classique. Qui aurait cru que les vaches avaient autant de culture ?

❍ La musique aide les personnes souffrant de lésions cérébrales à se remémorer des souvenirs. En effet, elle réactive les zones du cerveau associées à la mémoire, au langage, au raisonnement et aux émotions et peut aider à retrouver de vieux souvenirs enfouis !

❍ L'armée de Munich, en Allemagne, est plus petite que son orchestre. De toute évidence, le pays a besoin de plus de musiciens que de combattants ! Faites de la musique, pas la guerre.

❍ Sur son premier album, Prince, artiste prolifique des années 1980, a joué de 27 instruments différents. Pas mal du tout !

❍ Shakira est la première personne au monde à avoir obtenu plus de 100 millions de likes sur Facebook. Et cela seulement sur une photo !

- Pas moins de 23 personnes ont joué ensemble, sur un seul piano en 2019. Il s'agit des élèves de l'école de musique Isidor Bajic, qui détiennent désormais le record du plus grand nombre de personnes ayant joué du piano.

- Le titre “Despacito” de Luis Fonsi détient sept records du monde. Il a le plus grand nombre de vues sur YouTube et est resté 56 semaines d'affilée dans le classement Hot Latin Songs du hit-parade.

- Elvis Presley est l'artiste solo qui a vendu le plus de disques au monde. Même après sa mort, il a vendu plus d'un milliard d'exemplaires dans le monde.

- Elvis Presley était blond, comme le montrent certaines photos de lui dans la maison de sa mère. Le blond n'étant pas à l'époque un signe de virilité, le roi du rock'n'roll a commencé à se teindre les cheveux en noir à la fin des années 1950 en utilisant du cirage !

- Elvis Presley a donné un total de 636 shows rien qu'à Las Vegas. Ce fut sa principale salle de spectacle pendant sept ans et tous se sont déroulés à guichets fermés.

- Le plus grand groupe de musique pop du monde s'appelle AKB 48. Malgré son nom très court, ce groupe japonais de filles compte environ 130 membres. Les répétitions doivent être un véritable cauchemar !

- Il existe cinq types d'instruments de musique. Les idiophones, qui sont des instruments dont le corps vibre pour produire des sons. Les membranophones, qui sont des instruments à percussion tels que les tambours. Les cordophones, qui sont des instruments à cordes. Les aérophones, dans lesquels l'air est principalement utilisé pour produire des sons, et enfin, les électrophones, qui sont des instruments électroniques.

❍ Sais-tu que les orchestres n'ont pas toujours besoin de chefs d'orchestre ? Cependant, les chefs d'orchestre aident les musiciens à saisir le véritable sens de la musique.

❍ Sais-tu qu'il faut entre 70 et 85 pièces de bois pour fabriquer un violon ? Les bois utilisés pour la fabrication de cet instrument sont d'une importance fondamentale pour la sonorité du violon. Pendant des années, l'érable a été utilisé pour la partie inférieure et l'épicéa pour la partie supérieure.

❍ Étymologiquement, le mot "karaoke", en japonais, signifie "sans orchestre". C'est logique, non ? Le karaoké consiste à chanter seul ou en petit groupe sur une musique préenregistrée. C'est parfois un peu gênant, mais c'est très amusant !

❍ La chanson "Lose Yourself" de l'artiste Eminem a remporté l'Oscar de la meilleure chanson originale, devenant ainsi la première chanson rap à recevoir un Oscar.

❍ Mariah Carey a assuré ses cordes vocales pour 35 millions de dollars. Si quelque chose arrive à ses cordes vocales, elle sera couverte par l'assurance !

❍ Avant de devenir célèbre, Nicki Minaj était serveuse dans un restaurant nommé Red Lobster. Comme tu ne sais pas ce que deviendra le serveur ou la serveuse qui s'occupera de toi au restaurant dans les prochaines années... autant lui demander tout de suite un autographe !

❍ Jimi Hendrix, guitariste légendaire, a étudié la guitare en autodidacte et n'a jamais appris à lire la musique. Très impressionnant !

❍ Lorsqu'elle était enfant, Beyoncé faisait payer cinq dollars à sa famille et à ses amis pour assister à ses spectacles. Elle n'a pas chômé depuis !

J'aimerais qu'une de ses représentations d'aujourd'hui ne coûte que cinq dollars !

- Le fondateur des guitares Fender ne savait pas en jouer ! C'est d'autant plus ironique qu'il s'agit désormais de l'un des plus grands fabricants de guitares au monde.

- En 1985, Michael Jackson a acheté les droits de la plupart des musiques des Beatles pour 47,5 millions de dollars. Aujourd'hui, leur valeur est de plus de 450 millions de dollars ! Un bon investissement, je dirais.

- L'hymne Hurrian à Nikkal est considéré comme le plus ancien chant du monde. Il s'agit d'un chant religieux dédié à la déesse Nikkal. Les érudits modernes ont des idées assez claires sur la manière dont il devrait être joué et différentes interprétations sont sur YouTube. Écouter de la musique qui a plus de trois mille ans est un voyage dans le temps.

- Certaines personnes ne ressentent rien lorsqu'elles écoutent de la musique. Cela s'appelle l'anhédonie musicale, un trouble neurologique qui se traduit par l'incapacité à ressentir du plaisir ou à être affecté par la musique.

- Les battles de rap existent depuis le Ve siècle. Elles étaient appelées “flyting” et avaient lieu lorsque deux poètes s'insultaient à tour de rôle, en vers, en Écosse, Islande et Norvège. Même la littérature nordique ancienne dépeint les dieux, se défiant en s'insultant en rimes !

- L'une des chansons les plus connues au monde est “Happy Birthday”, et nous pourrions penser que son utilisation était libre. Mais pas du tout. Lorsqu'un programme télévisé ou un film l'utilisait, il devait payer les droits au propriétaire, la société Warner Chappell Music ! Jusqu'en 2016, la chanson générait tout de même environ 5 000 dollars par jour. Elle est désormais dans le domaine public.

- Dolly Parton, une artiste américaine, a participé un jour à un concours de déguisements pour sosies de Dolly Parton et a perdu ! Le public trouvait que les autres participantes ressemblaient plus qu'elle à Dolly Parton. Pauvre Dolly… espérons que cela n'a pas fait naître chez elle une crise d'identité ! Un autre fait intéressant concernant la célèbre chanteuse est qu'elle a écrit deux chansons légendaires en une seule journée : "Jolene" et "I Will Always Love You".

- L'hymne national grec est composé de 158 strophes et, selon la manière dont il est chanté, peut durer de six minutes à une heure.

- La plus jeune personne à avoir été récompensée par un Grammy est LeAnn Rimes, qui l'a reçu à l'âge de 14 ans en tant que meilleure artiste débutante et meilleure performance vocale féminine dans le domaine de la country.

- Aretha Franklin a été la première femme à entrer au Rock and Roll Hall of Fame en 1987. Elle a été présentée comme la "Reine de la Soul" et reste l'une des artistes les plus célèbres de l'histoire des Grammy Awards.

- T'est-il déjà arrivé d'écouter une chanson et de ne pas pouvoir te la sortir de la tête ? Un groupe d'universitaires britanniques a révélé qu'il existait peut-être une solution : mâcher du chewing-gum ! Veux-tu essayer ?

- Écouter de la musique au coucher permet de s'endormir plus rapidement et de mieux dormir. En effet, la musique est capable de détendre certaines parties du système nerveux, ce qui entraîne un ralentissement de la respiration et une réduction du rythme cardiaque et de la pression artérielle.

La magie du cinéma et des anecdotes concernant la télévision

- Sean Connery a porté une perruque dans tous les films de James Bond dans lesquels il a joué, parce qu'il a commencé à perdre ses cheveux à l'âge de dix-sept ans. Qui aurait pu imaginer que le célèbre espion porterait une perruque !

- Toto, le chien du célèbre film *Le Magicien d'Oz,* était mieux payé que certains acteurs. Il gagnait environ 125 dollars par semaine. Mais contrairement à ce que certains prétendent, il ne gagnait pas plus que la star du film, Judy Garland.

- La star des *Gardiens de la galaxie,* Chris Pratt, a volé son costume de Star-Lord sur un plateau de tournage, pour le porter lors de ses visites à des enfants malades, dans des hôpitaux.

- Dans *Star Trek,* le bruit des portes automatiques du vaisseau spatial qui s'ouvrent et se ferment est en fait le bruit de la chasse d'eau des toilettes d'un train russe. J'aimerais savoir qui a eu cette idée.

- Tous les enfants présents sur le tournage du film *Maléfique* ont eu très peur d'Angelina Jolie en costume de sorcière. Tous, sauf la fillette qui jouait la version jeune d'Aurore, qui était la fille d'Angelina.

- T'es-tu déjà demandé pourquoi les premiers personnages de Disney portaient des gants ? Parce qu'ils sont plus faciles à dessiner et à animer que des mains et des doigts !

- Autrefois, les bandes-annonces de films étaient normalement, diffusées après la fin du film. C'est pourquoi elles sont appelées "trailers", ce qui signifie en anglais "Trolley to hook up to a car", car elles *suivent* le film.

❍ Le scénario de *Terminator* a été vendu pour la somme symbolique d'un dollar. Si James Cameron, réalisateur alors inconnu, a vendu le scénario à une productrice nommée Gale Anne Hurd pour une somme aussi faible, c'est uniquement pour avoir l'opportunité de réaliser le film.

❍ Tu te souviens du portrait de Rose par Jack dans l'un des grands moments du film *Titanic ?* Ce portrait, ainsi que tous les autres dessins qui apparaissent dans le film ont été réalisés par le réalisateur lui-même, James Cameron.

❍ Un employé de Pixar a accidentellement effacé une partie de *Toy Story 2* pendant la production. Heureusement, un autre employé avait une sauvegarde des mêmes scènes sur… son ordinateur portable.

❍ Pour incarner le scientifique anglais Stephen Hawking dans le film *The Theory of Everything,* (en français *Une merveilleuse histoire du temps*), Eddie Redmayne a perdu environ sept kilos et s'est entraîné pendant plusieurs mois à contorsionner son corps pour représenter fidèlement l'atrophie musculaire progressive dont souffrait le protagoniste.

❍ Il semble que Stanley Kubrick, le célèbre réalisateur américain, était un maniaque du détail et très précis sur le plateau. Ces façons de travailler lui faisaient tourner plusieurs fois la même scène, jusqu'à l'épuisement des acteurs. Après le tournage du film *2001 L'Odyssée de l'espace*, Kubrick a détruit tous les accessoires afin qu'ils ne puissent pas être réutilisés dans d'autres productions du même genre. Pas très sympa !

❍ Il existe une application qui te permet de trouver les fantômes autour de toi ! Elle s'appelle *Ghost Detector Radar et* te permet de visualiser ton environnement grâce à un effet graphique simulant une dimension parallèle dans laquelle tu peux cadrer les fantômes que tu souhaites "capter". Tu peux même interagir avec les fantômes en leur posant des questions.

❍ Dans la série télévisée The *X-Files*, Gillian Anderson (1,60 m) devait souvent se tenir debout sur une caisse pour compenser la différence de taille entre elle et son partenaire, David Duchovny (1,81 m). Cette différence rendait le tournage difficile lorsque les deux acteurs se trouvaient ensemble dans le même plan de tournage.

❍ *Buffy contre les vampires a été* la première série à utiliser le mot "googlé». Google existait déjà, bien sûr, mais "googler" quelque chose n'était pas une terminologie courante jusqu'à ce qu'elle soit utilisée dans la série.

❍ Jim Carrey a auditionné plusieurs fois pour faire partie de l'équipe du *Saturday Night Live*, mais n'a jamais été choisi. Ils ont dû le regretter !

❍ Dans l'une des nombreuses scènes d'action du film *Speed*, Keanu Reeves brise la vitre d'un bus en s'y écrasant. L'incident ne faisait pas partie du scénario, mais le plan était si réaliste que le réalisateur a décidé de le conserver dans le montage final.

❍ Dans *Les Simpson*, le mot d'Homer "D'oh" apparaît dans le script sous la forme d'un "grognement agacé". Le mot a même été ajouté à l'Oxford English Dictionary en 2001 !

❍ Le rugissement du lion que nous entendons au début des films de la MGM est une marque déposée, ce qui signifie que personne d'autre ne peut l'utiliser sans obtenir l'autorisation et payer la MGM. Le rugissement est celui d'un vrai lion, tout comme l'image du logo. Au fil des ans, sept lions différents ont été utilisés pour le logo. Récemment, l'entreprise a opté pour un lion réalisé par ordinateur. Peux-tu faire la différence ?

❍ Le film le plus ancien au monde est *Une scène au jardin de Roundhay*, réalisé par l'inventeur français Louis Le Prince. Il date de 1888 et montre des personnes marchant et dansant dans un jardin, mais ne dure que 2,11 secondes !

- Le premier film d'animation au monde a été réalisé en Argentine. Ce film d'animation appelé *El Apóstol* a été créé vingt ans avant *Blanche-Neige et les sept nains* de Disney. Il se composait d'environ 58 000 dessins, assemblés pour créer un film de 70 minutes. Malheureusement, le film a été détruit dans un incendie et aucune copie n'existe.

Que d'art !

- La célèbre *Joconde* de Léonard de Vinci reçoit régulièrement des lettres d'amour, des fleurs et des poèmes. Je doute cependant qu'elle ne réponde jamais à ses admirateurs.

- En ce qui concerne la *Joconde*, le tableau n'était pas très célèbre jusqu'à ce qu'il soit volé en 1911. C'est un homme nommé Vincenzo Peruggia qui a volé l'une des d'œuvres d'art les plus emblématiques du Musée du Louvre. C'est à partir de ce moment-là que la *Joconde* est devenue célèbre.

- Il semble que Léonard de Vinci ait laissé la *Joconde* inachevée pendant plusieurs années. Le commanditaire n'aurait donc jamais reçu le tableau qui n'a probablement jamais été payé à Léonard de Vinci.

- Léonard de Vinci était végétarien ! Il se souciait tellement des droits des animaux qu'il achetait des oiseaux en cage au marché et les libérait.

- Un artiste nommé Willard Wigan réalise des sculptures si petites qu'il a même réussi à en avaler une. Il s'agissait d'une œuvre représentant Alice, du livre *Alice au pays des merveilles.* Ses œuvres sont si petites qu'il faut utiliser un microscope pour les voir ! Tant qu'à avaler une sculpture, autant qu'elle soit microscopique.

- Dans la province de Piacenza, en Italie, il existe un musée entièrement consacré au caca. Le *Museo della Merda* informe ses visiteurs sur l'utilité et la réutilisation de cette substance maltraitée en tant qu'engrais pour l'agriculture, en tant que matériau de base pour les briques et le plâtre, et même en tant que productrice de méthane. Le musée montre toutes les utilisations possibles de cette "substance précieuse", du passé à nos jours.

- Vincent Van Gogh a peint *La nuit étoilée* alors qu'il se trouvait dans un hôpital psychiatrique. Le pauvre Vincent souffrait d'une maladie mentale et il avait besoin de paix et de tranquillité, ce qu'il trouvait dans cet hôpital privé. Les médecins lui avaient donné plus de liberté qu'aux autres patients et Vincent a eu le temps de peindre l'un de ses tableaux les plus célèbres.

- Sais-tu que Vincent Van Gogh n'a vendu qu'un seul de ses tableaux de son vivant ? Cela montre à quel point il était sous-estimé en tant qu'artiste... Il n'est devenu célèbre qu'après sa mort.

- Si tu es doué pour l'art, tu as toutes les chances d'être doué pour la lecture. En effet, l'art améliore les capacités verbales et de compréhension, et ceux qui ont un don artistique font preuve d'excellentes capacités de réflexion, qui les aident à analyser et à résoudre les problèmes.

- Sais-tu que les têtes des statues romaines pouvaient être détachées ? Les statues étaient sculptées ainsi, afin qu'il soit possible de retirer la tête et de la remplacer par une autre, au cas où il faudrait changer le personnage représenté.

- Pablo Picasso a appris à dessiner avant d'apprendre à marcher, et son tout premier mot a été le mot espagnol correspondant à "crayon". Certaines personnes naissent en sachant ce qu'elles veulent devenir !

- Connais-tu le célèbre tableau *Le cri* de l'expressionniste Edvard Munch ? Sais-tu qu'il en existe cinq autres versions ? Les deux premières, datant de 1893, ont été réalisées à la détrempe et au pastel sur carton, une troisième version, privée, a été réalisée en 1895 au pastel, et la quatrième version,

de la même année, consistait en une lithographie en noir et blanc. La dernière version, datant de 1910, est conservée au musée Munch, à Oslo en Norvège. Incroyable n'est-ce pas ! L'œuvre a été volée en 2004 et retrouvée en 2006.

- Le premier roman historique se termine au milieu d'une phrase. Il s'agit du *Dit du Genji*,(appelé aussi *conte de Genji*) écrit au XIe siècle par Murasaki Shikibu. Après 54 tomes et près de 2000 pages, le roman s'arrête en plein milieu d'une phrase. Un véritable suspense ! Tout le monde a dû regretter de ne pas savoir ce qu'il était advenu de Genji.

- Un artiste anglais nommé Andy Brown a cousu ensemble 1 000 sachets de thé pour créer un portrait de la reine Élisabeth II.

- Certaines recherches suggèrent que l'estime de soi augmente avec la pratique de l'art. Alors, tu peux peindre un tableau pour te sentir bien dans ta peau !

Des animaux si étranges

Oiseaux, mammifères et marsupiaux

- Les ours polaires sont presque invisibles aux caméras infrarouges. En effet, leur fourrure maintient la température ambiante et les rend relativement invisibles à ce type de caméra.

- Les ours polaires ont la peau noire. Il s'agit d'une adaptation qui leur permet d'absorber le plus de chaleur possible du soleil.

- Les porcs-épics peuvent flotter grâce à leurs épines creuses qui retiennent l'air et de ce fait ne sont pas lourdes. Ceci leur permet de flotter sur l'eau comme un canard dans une piscine. Le jouet, bien sûr, pas un vrai canard.

- Le cerveau de l'autruche est plus petit que ses yeux, qui ont la taille d'une boule de billard. Les yeux prennent tellement de place à l'intérieur du crâne que le cerveau de l'animal a évolué pour, finalement, devenir minuscule.

- Les coups de pied d'une autruche sont si puissants qu'ils peuvent blesser un lion. Heureusement, les autruches ne donnent des coups de pied que lorsqu'elles sont provoquées, alors sois gentil si tu en rencontres une !

- Les colibris sont les seuls oiseaux capables de voler à reculons. Ils battent des ailes de 20 à 80 fois par seconde et peuvent voler vers le haut et vers le bas, vers l'arrière et vers l'avant. Quel oiseau extraordinaire !

- Les chats ont 32 muscles dans chaque oreille. Ces muscles leur permettent d'orienter et de faire pivoter leurs oreilles pour localiser la source d'un bruit. Ils peuvent également bouger chaque oreille de manière indépendante !

- L'urine de chat peut briller sous une lumière UV car elle contient principalement du phosphore. L'urine apparaît alors sous forme de taches vertes ou jaunes.

- Les chats peuvent émettre une centaine de sons, alors que les chiens n'en ont qu'une dizaine à leur disposition. De plus, les chats peuvent émettre des sons qui ne s'adressent qu'aux humains qui les entourent. Finalement, ils ont un langage bien à eux !

- Les chats adultes sont intolérants au lactose. Seuls les chatons ont une digestion suffisamment efficace pour boire du lait et des produits laitiers !

- Les chats n'ont que quatre doigts aux pattes arrière. Les scientifiques pensent qu'ils ont évolué ainsi afin d'être capables de courir plus vite.

- Le tigre a une peau rayée, tout comme sa fourrure. S'il était entièrement rasé, le tigre présenterait les mêmes rayures sur sa peau que sur sa fourrure. Les rayures lui servent à se dissimuler lorsqu'il chasse, ou qu'il échappe à un prédateur.

- Les paresseux ont plus d'os dans leur cou que les girafes. Le cou d'un paresseux compte dix vertèbres, alors que celui d'une girafe n'en compte que sept.

- Les paresseux passent environ 80 % de leur vie à dormir. Cela représente entre 15 et 20 heures par jour ! Même lorsqu'ils sont éveillés, ils restent souvent immobiles, un peu comme s'ils dormaient.

- Les paresseux sont si lents que même leur digestion prend du temps ! Il faut environ deux semaines à un paresseux pour digérer la nourriture qu'il a consommée, essentiellement des feuilles et des fleurs.

- Les paresseux ne sont pas les seuls animaux à dormir beaucoup. Les koalas peuvent dormir jusqu'à 22 heures par jour. Cela s'explique par le fait que leur nourriture est très riche en fibres et qu'il leur faut beaucoup d'énergie pour la digérer et l'éliminer !

- Les empreintes digitales des koalas sont si semblables à celles des humains qu'il est arrivé que la police les confonde sur une scène de crime. Je me demande ce que faisait un koala sur une scène de crime. Hum... ce n'est pas parce qu'ils ont l'air si gentils qu'ils sont innocents !

- Les wombats, des petits marsupiaux, font des crottes cubiques. En effet, leurs intestins sont dotés de deux rainures qui donnent à la crotte cette forme étonnante.

- La fiente de pigeon est la propriété de la famille royale britannique. En effet, au XVIIIe siècle, la fiente de pigeon était utilisée pour fabriquer de la poudre à canon, et le roi l'avait donc revendiquée comme propriété de la Couronne. Je ne suis pas sûr qu'ils en utilisent encore aujourd'hui !

- Les éléphants sont incapables de sauter. Les os de leurs chevilles sont rigides et leurs pattes ne peuvent pas leur donner la "poussée" nécessaire pour se soulever du sol. De plus, ils sont lourds, ce qui ne les aide probablement pas.

- Les éléphants se méfient des humains. Ils ont une alarme spécifique qu'ils utilisent entre eux et qui signifie "l'homme arrive".

- Tout comme les bébés sucent leur pouce pour se réconforter, un éléphanteau suce sa trompe. Comme c'est mignon !

- Les vaches n'ont qu'un seul estomac, mais avec quatre compartiments. Ces compartiments sont le rumen, le réticulum, l'omasum et la caillette (ou abomasum).

- Les vaches dorment généralement debout. Cependant, lorsqu'elles veulent dormir profondément, elles se couchent comme toi et moi.

- Une vache peut produire environ 200 000 verres de lait au cours de sa vie. Penses-tu pouvoir en boire autant ?

- L'ornithorynque, lui, n'a pas d'estomac du tout. Contrairement aux autres animaux et aux humains, qui ont un estomac dans lequel des acides et des enzymes digèrent les aliments, chez l'ornithorynque, l'œsophage est directement relié à l'intestin.

- Les flamants roses ne sont roses qu'en raison de leur nourriture. Les substances qui leur donnent cette couleur sont appelées caroténoïdes et sont contenues dans les algues dont se nourrissent les artémias, petits crustacés d'eau salée. Comme les flamants aiment manger des artémias, leurs plumes deviennent roses.

- Le flamant rose mange à l'envers ! Qui sait, peut-être que cela donne un meilleur goût à la nourriture ?

- Les lapins naissent avec les yeux et les oreilles fermés et complètement dépourvus de poils, ce qui leur donne un aspect très différent de celui que nous leur connaissons.

- Les rats rient lorsqu'on les chatouille. Les scientifiques ont montré que lorsqu'on les chatouille ou qu'on joue avec eux, les rats gloussent. Je me demande comment ils réagiraient à une blague super drôle.

- Les rongeurs ne rotent pas. Leur estomac n'est pas structuré pour cela ! Comment font-ils s'ils ne digèrent pas bien ?

- Un seul type de mammifère possède des ailes. C'est la chauve-souris ! Il existe plus de 1 100 espèces de chauves-souris dans le monde et toutes peuvent voler.

- Les chauves-souris peuvent manger environ 1 000 insectes en une heure ! La plupart des gens n'accepteraient pas de manger un seul insecte, et encore moins 1 000.

- Les chauves-souris ne peuvent pas marcher ! Les os de leurs pattes sont si fins qu'ils se briseraient probablement si elles essayaient de marcher.

- La chauve-souris de Daubenton, une espèce de chauve-souris européenne, posséderait l'un des muscles les plus rapides du règne animal. Les contractions de ce muscle seraient 20 fois plus rapides que celles des muscles les plus rapides du corps humain. Il s'agit des muscles qui contrôlent le mouvement des yeux.

- Les dalmatiens naissent sans taches et avec un pelage blanc pur. Les taches apparaissent à l'âge d'environ trois à quatre mois.

- Les chiens transpirent par les coussinets et non par la peau. Leurs glandes sudoripares fonctionnent de la même manière que les glandes sudoripares humaines, mais elles sont situées dans les coussinets de leurs pattes.

- En général, les chiens ne reniflent qu'avec leur narine droite, mais si un objet sent bon ou que l'odeur les intrigue, ils commencent à le renifler aussi avec leur narine gauche !

- L'odorat d'un chien est 100 000 fois plus puissant que celui d'un humain ! Cela fait beaucoup d'odeurs autour d'eux… nos amis à quatre pattes doivent être submergés !

- Les kangourous nouveau-nés ont la taille d'un grain de haricot, soit environ un centimètre de long. Ils rampent le long de la fourrure du ventre de leur mère et vont par eux-mêmes dans la poche où ils se nourrissent.

- Sans queue, le kangourou ne pourrait pas sauter. La queue sert en effet à contrebalancer leur centre de gravité quand ils sautent.

- Petite anecdote… Lorsqu'elles dorment, les loutres se tiennent par la main et forment une sorte de radeau pour ne pas se disperser en dormant.

- Les guépards sont les animaux terrestres les plus rapides. Ils sont capables de passer de zéro à 100 km/h en moins de trois secondes. Toutefois, ils ne peuvent maintenir cette vitesse que sur de courtes distances.

- As-tu déjà senti l'odeur d'une mouffette ? Elle est si puissante que tu peux la sentir jusqu'à 6,5 km de distance. C'est plutôt désagréable !

- Sais-tu que l'un des plus petits animaux du monde est la chauve-souris bourdon, qui pèse moins de deux grammes ? Ce minuscule animal est également connu sous le nom de chauve-souris à nez de cochon… Quel nom étrange pour un si mignon petit animal !

- Les carapaces des tatous sont à l'épreuve de certaines balles. Ces dernières peuvent facilement rebondir sur leur carapace et aller se loger ailleurs !

- Les dindes peuvent rougir. La peau pâle de leur tête devient rouge, blanche ou bleue lorsqu'elles sont effrayées, excitées ou lorsqu'elles rencontrent un partenaire potentiel.

- Les humains ne sont pas les seuls à rêver dans le règne des mammifères ! La plupart des mammifères rêvent, effectivement.

- Sais-tu que les sangliers sont des animaux particulièrement propres ? Avant de manger, ils transportent leur nourriture jusqu'aux ruisseaux voisins pour s'assurer qu'elle est assez propre pour être mangée.

- Certaines cornes de rhinocéros sont faites de poils. Ce sont des poils, qui ont fusionné et qui sont devenus très, très résistants et très solides. Aimerais-tu avoir des poils aussi solides que ceux des rhinocéros ?

- Environ 50 % des orangs-outans ont des os cassés ou fracturés parce qu'ils tombent souvent des arbres ! Bien qu'ils semblent à l'aise dans les arbres, les orangs-outans ont fréquemment des accidents. Peut-être pourrais-tu inventer un nouveau métier, pour empêcher les orangs-outans de tomber ?

- Les animaux au métabolisme rapide, comme les écureuils, perçoivent le temps différemment, comme si la vie extérieure se déroulait au ralenti. Cela ressemble à un super pouvoir.

- Il existait autrefois une espèce de manchot appelée manchot géant, qui s'est malheureusement éteinte il y a environ 37 millions d'années. Il était aussi grand que LeBron James, le joueur de basket-ball de 2,06 mètres, c'est-à-dire plus de deux mètres pour ce manchot qui pesait environ 250 kilos !

- En parlant de pingouins, sais-tu que les pingouins mâles offrent des cailloux et des petits rochers à la femelle qu'ils ont choisie, en signe d'amour ? Pourquoi pas ?

- À la naissance, le bébé panda est plus petit qu'une souris et ne pèse que quatre grammes. Ce n'est que plus tard qu'il atteint sa taille définitive ! C'est fou comme ils grandissent, et vite, en plus !

- Tous les pandas géants des zoos américains ne sont que des invités, et non des résidents permanents. Ils ont seulement été prêtés par la Chine ! Cela vaut également pour les pandas nés aux États-Unis, qui appartiennent toujours à la Chine !

- Sais-tu que les hiboux n'ont pas de globes oculaires mobiles ? Ils ont ce qui s'appelle des tubes oculaires fixes. Pour te regarder, ils doivent donc tourner la tête !

- Les moutons et les lapins sont immunisés contre le venin des veuves noires. Quelle chance ! Je me demande toutefois si les moutons et les lapins se font souvent mordre par des veuves noires.

- Sur Terre, il existe des animaux microscopiques et très résistants appelés tardigrades. Ils peuvent survivre à 150 °C ou même à -270 °C. Ils peuvent passer des dizaines d'années sans manger ! Cependant, tu as besoin de microscopes spéciaux pour les voir.

- Les chèvres sont capables de prendre l'accent des autres, en bêlant. Donc, si tu entends une chèvre dire "bêêê" d'une manière étrange, ou différente, il est possible qu'elle ait un accent !

- Les chevaux peuvent avoir des expressions faciales volontaires ! Les scientifiques ont identifié environ 14 mouvements faciaux différents sur le museau d'un cheval.

- Les singes Hiboux d'Azara sont connus pour être monogames. Des exemples de fidélité à leur partenaire allant jusqu'à 9 ans ont été observés.

- Pour se protéger des tempêtes de sable, le chameau a développé un sourcil épais et une double ligne de cils. Il est également capable de fermer hermétiquement sa bouche et ses narines.

- Avant de sortir de l'œuf, le poussin communique avec sa mère et ses frères et sœurs par des sons spéciaux qui s'entendent au travers de la coquille !

- L'oiseau le plus commun sur terre est le Quéléa à bec rouge, connu en français sous le nom de Travailleur à bec rouge. Leurs groupes sont si massifs qu'ils peuvent dévaster des cultures entières ! On les trouve dans de nombreuses régions du monde au climat tropical et subtropical. Malheureusement ou heureusement, il n'y en a pas en Europe !

- Tu as peut-être déjà entendu l'expression "transpirer comme un porc". En réalité, les cochons ne transpirent pas car ils n'ont pas de glandes sudoripares. Les humains transpirent donc plus qu'eux. L'expression correcte serait "transpirer comme un humain". Désolé pour les cochons !

- Les porcs ne peuvent pas regarder vers le haut. L'anatomie des muscles du cou et de la colonne vertébrale limite leur mouvement et ne leur permet pas de tourner la tête vers le haut.

- La plupart des pannes de courant aux États-Unis sont causées par des écureuils qui rongent les fils électriques. Si tu te retrouves un jour sans électricité dans ta maison, il se peut que ces rongeurs soient en cause !

- La Nouvelle-Zélande détient le record du plus grand nombre d'animaux de compagnie au monde ! Sur notre planète Terre, environ 57 % des ménages en moyenne possèdent un animal de compagnie, alors que 64 % des ménages néo-zélandais en possèdent au moins un.

Créatures à sang froid

- Les serpents ne mangent pas de plantes. Aucune espèce de serpent n'en mange. Leur tractus intestinal est totalement incapable de les digérer. Ils doivent manger d'autres animaux pour survivre.

- Le plus grand amphibien du monde est la salamandre géante de Chine, qui peut dépasser un mètre et demi de long.

- Le stégosaure était un dinosaure dont le cerveau avait la taille d'un citron vert, ce qui est plutôt petit pour une créature aussi grande, tu ne trouves pas ? Eh oui… Un stégosaure pouvait atteindre neuf mètres de long.

- En parlant de dinosaures, nous sommes plus proches, dans le temps, du T-Rex que du Stégosaure. Pour moi, depuis que j'ai vu *Jurassic Park*, ils peuvent rester là où ils sont ! Et toi, qu'en penses-tu ?

- Les crocodiles ne peuvent pas tirer la langue. En effet, ils possèdent une membrane qui maintient la langue attachée au palais ! Tirer la langue à un crocodile serait encore plus grossier que de la tirer à une personne… le pauvre pourrait penser que tu te moques de lui !

- Le plus vieil animal vivant que nous connaissons est une tortue nommée Jonathan. Il a 190 ans, il est aveugle et a perdu l'odorat. Malgré cela, Jonathan bouge et vit très bien !

- Une espèce de tortue géante que des observateurs croyaient éteinte depuis 100 ans est récemment réapparue aux îles Galápagos.

- Les axolotls sont des animaux plutôt étranges. Il s'agit d'une sorte de salamandre qui peut régénérer ses membres et ses organes perdus. Cette capacité semble très utile !

- Des tortues de rivière d'Amérique du Sud émettent des petits sons, lorsqu'elles sont encore à l'intérieur de leurs œufs. Elles communiquent à une fréquence très basse et ne peuvent être entendues qu'au moyen d'un hydrophone, un microphone utilisé sous l'eau.

- Si elle naît au cours d'une période chaude, une tortue a plus de chances d'être une femelle. Ce n'est pas la même chose pour les humains.

- Les escargots peuvent dormir pendant trois années consécutives. Ils doivent vraiment avoir sommeil ! Pourrais-tu dormir aussi longtemps ? Peut-être tout le week-end ?

- Les escargots ont jusqu'à quatre nez. Pratique ! Deux servent à respirer et les deux autres à sentir.

- Sais-tu que les escargots ont des dents ? Et pas qu'un peu ! Ils en ont en moyenne 14 000, mais certaines espèces peuvent avoir jusqu'à 20 000 dents ! Il y a du travail pour les dentistes chez les escargots !

- Le lézard à cornes est capable de faire jaillir du sang de ses yeux jusqu'à un mètre de distance. C'est étrange, n'est-ce pas ? Il s'agit d'un mécanisme de défense, car son sang est toxique pour la plupart des autres animaux.

- Il existe un lézard capable de marcher sur l'eau en manipulant la tension superficielle de l'eau sur ses pattes. Curieusement, ce lézard est appelé le lézard Jésus-Christ. As-tu déjà imaginé que tu pouvais marcher sur l'eau ?

- Sais-tu qu'il est possible d'hypnotiser les grenouilles ? Il suffit de les poser à plat sur le dos et de leur caresser doucement le ventre. Essaie, tu verras !

- Quelque 14 nouvelles espèces de grenouilles dansantes ont été découvertes en 2014, ce qui porte la liste à 24. Le nom de *grenouille dansante* fait référence au comportement des mâles, pendant la saison des amours, qui exécutent une sorte de danse pour attirer l'attention des femelles. Je me demande si elles peuvent danser le tango ou la valse.

Merveilles du monde aquatique

- Le cachalot est l'animal le plus bruyant de la planète. Il peut produire un son allant jusqu'à 233 décibels. Les cachalots possèdent également les plus grandes dents de toutes les baleines et le plus grand cerveau de tous les animaux. J'espère qu'ils ne vont pas attraper la grosse tête !

- Les baleines émettent des chants qui permettent de cartographier acoustiquement le fond de l'océan. Les chercheurs ont même utilisé les chants des baleines et leurs vibrations, pour observer ce qui se trouve au fond des océans !

- La méduse-boîte, nommée également cuboméduse, est l'une des créatures les plus venimeuses au monde, avec des tentacules pouvant atteindre trois mètres de long. Malgré sa réputation mortelle, la méduse-boîte est en fait assez délicate et peut facilement être tuée par un choc brutal, comme celui d'une grosse vague, par exemple.

- Il existe une espèce de méduse immortelle. Une fois qu'elle est devenue adulte, cette méduse est capable de revenir facilement à son état de “jeune méduse”. Je parie que beaucoup de personnes âgées aimeraient pouvoir faire cela.

- Le cœur des écrevisses se trouve à l'intérieur de leur tête. En effet, la tête est l'endroit le plus sûr pour son cœur et ses autres organes. Chez l'homme, en revanche, le cœur est plus en sécurité dans la poitrine, protégé par la cage thoracique.

- Sais-tu qu'il existe une crevette capable de produire un son plus fort qu'un coup de feu ? En ouvrant et en fermant rapidement sa grande pince, elle peut produire des ondes de choc d'une puissance dévastatrice pouvant atteindre environ 230 décibels. Elle utilise cette méthode pour étourdir ses proies et en plus, elle peut se déplacer à environ 100 kilomètres par heure !

- Des reptiles marins préhistoriques comme les plésiosaures pondaient les plus gros œufs au monde. Le plus gros œuf jamais découvert mesurait plus de 30 centimètres de long. Et pour l'oviraptorosaure, il pouvait mesurer 50 centimètres.

- Les requins du Groenland font partie des vertébrés qui vivent le plus longtemps sur Terre. Les scientifiques ont découvert des requins qui seraient âgés de plus de 400 ans.

- Les requins sont les seuls animaux aquatiques connus, capables de cligner des yeux. Bien qu'ils aient des paupières, les poissons n'ont pas besoin de cligner des yeux comme les humains. L'eau les nettoie à leur place.

- Les cas où un être humain est attaqué par un requin sont assez rares. Dans les faits, on ne recense qu'une dizaine de cas par an. Ce sont bien plus souvent les humains qui attaquent les requins ! C'est eux qui devraient avoir peur de nous !

- Le cœur d'une baleine bleue mesure un mètre et demi de long et pèse 400 kilos, soit à peu près la taille d'une voiturette de golf !

- Les battements de cœur d'une baleine bleue peuvent être entendus à plus de trois kilomètres de distance. C'est vraiment fort ! Il est impossible à la baleine bleue, même si elle est petite, de se cacher derrière quelqu'un...

- La langue d'une baleine bleue peut peser autant qu'une petite voiture, soit environ 2 500 kilos.

- Les baleines bleues avalent un demi-million de calories en une seule bouchée. Impressionnant, non ?

- Les pieuvres ont trois cœurs. Deux cœurs périphériques pompent le sang à travers les branchies, grâce auxquelles les pieuvres recueillent l'oxygène. Ensuite, un cœur central fait circuler le sang oxygéné dans le reste du corps.

- La pieuvre géante du Pacifique pond environ 56 000 œufs en l'espace d'un mois. Imagine que tu aies à transporter autant d'œufs sans les casser !

- Chez les hippocampes, ce sont les mâles qui mettent bas. En effet, ce sont eux qui possèdent sur leur corps les parties adéquates pour porter la progéniture, avec une poche dans la queue qui est l'équivalent d'un utérus.

- Les yeux du Calmar colossal ont la taille d'un ballon de basket et sa pupille mesure plus de dix centimètres de large. Le calmar colossal peut atteindre une longueur de plus de 12 mètres. Il n'est pas étonnant que les personnes qui ont vu ces créatures pour la première fois aient cru qu'il s'agissait de monstres marins !

- Un lion de mer nommé Ronan a été entraîné à suivre un rythme musical. Cela montre que les animaux reconnaissent la musique et s'en souviennent de la même manière que les humains.

- Les dauphins sauvages s'appellent par leur nom. Effectivement, les cétacés utilisent des sifflements spécifiques pour s'identifier entre eux. Je me demande quels sont leurs noms. Je suppose qu'ils ne s'appellent pas Stéphane ou Élisabeth.

- Les dauphins ont tendance à dormir en gardant un œil ouvert. C'est ce que nous appelons le sommeil unihémisphérique. Ces mammifères dorment en nageant, tout en laissant une seule moitié de leur cerveau se reposer, tandis que l'autre moitié reste éveillée.

- Sais-tu que les dauphins roses existent ? Il s'agit d'une espèce répandue principalement en Asie du Sud-Est, dont nous savons encore peu de choses. Malheureusement, ils sont considérés comme une espèce "vulnérable" et risquent de disparaître avant d'être mieux protégés et étudiés.

Des insectes rampants

Insectes et drôles de bestioles ?

- Les insectes sont extrêmement résistants. Ils peuvent vivre dans des conditions de froid et de chaleur extrêmes. Cependant, ils n'aiment pas les océans, en règle générale.

- Les insectes ont un cerveau, même s'il est très petit. Ne pense donc pas qu'ils sont stupides !

- Même les insectes ressentent la douleur. Réfléchis donc à deux fois avant d'en écraser un !

- Certains insectes vivent sans se nourrir, durant toute leur vie. Comme le mâle du coléoptère titan !

- Les entomologistes, experts qui étudient les insectes, les divisent en "insectes" et en "vrais insectes". Tous sont des insectes, mais les "vrais insectes" sont classés parmi les *hémiptères.*

- Les insectes semblent délicats et fragiles, mais ils ont des ailes bien solides ! La plupart des insectes peuvent vivre et se déplacer même s'ils ont une aile blessée !

- Il est rare de trouver un insecte avec des oreilles sur la tête. Les grillons ont des oreilles sur les pattes, tandis que les mouches parasites en ont sur le cou.

- Les coléoptères, qui sont un ordre d'insectes, tirent leur nom du grec "koleos" qui veut dire étui, et "ptera" pour ailes. En effet, les ailes antérieures se sont transformées en étuis, ce qui permet de ranger leurs autres ailes !

- Le Trachelophorus giraffa est un insecte au cou très long, d'où son nom. Les mâles de cette espèce utilisent leur long cou comme une épée pour se battre entre eux.

- L'odeur de nos oreilles peut attirer les insectes. En particulier les cafards, qui raffolent des acides gras dits volatils, libérés par les aliments comme le pain ou le fromage… et que nous retrouvons dans notre cérumen.

- Un insecte appelé Notonecta glauca respire par les fesses ! Il est porteur, dans son derrière, d'une petite poche d'air, nécessaire pour qu'il puisse respirer sous l'eau.

- Les Armadillidiidae ne sont pas des insectes, mais des crustacés. Ces cloportes sont très proches des crevettes, crabes, homards et écrevisses et sont les seuls crustacés à vivre sur terre.

- Les tiques sont extrêmement petites, mais si elles s'accrochent à un humain ou à un animal, elles peuvent atteindre la taille d'une bille.

- Un autre type d'insecte intéressant est le phasme Lord Howe. Il s'agit d'une espèce d'insectes à bâtonnet, que l'on croyait disparue dans les années 1920. Bien qu'il soit en voie de disparition, il en existe encore quelques spécimens vivants.

- Certains insectes sont capables de se camoufler complètement avec des feuilles. Comme la punaise Phylliidae, par exemple !

- Sais-tu que les punaises de lit sentent mauvais ? Probablement oui, si elles sont nombreuses, car, lorsqu'elles sont menacées, elles dégagent une odeur nauséabonde !

- La peur des petits insectes est appelée entomophobie. As-tu déjà entendu ce mot ?

- Les insectes sont plus anciens que l'homme. On estime qu'ils existent depuis 350 millions d'années, soit depuis bien plus longtemps que l'homme. Effectivement, nous ne sommes sur Terre que depuis 300 000 ans.

- Le plus ancien fossile d'insectes connu de l'homme date de 400 millions d'années. Il s'agit de Rhyniognatha hirsti, dont l'âge est estimé entre 396 et 407 millions d'années.

- Durant l'hiver, de nombreux insectes survivent au froid en remplaçant l'eau de leur corps par une substance chimique. Cette substance, appelée glycérol, agit comme une sorte d'antigel.

- Un insecte connu sous le nom de "Spittlebug", la Cigale écumeuse, peut sauter 100 fois sa taille. Elle devrait être apparentée à la puce !

- Un insecte appelé scorpion d'eau possède un tuba intégré à son corps. Lorsqu'il va sous l'eau, il tient ce petit tube au-dessus de sa tête.

- Les insectes ne respirent pas par la bouche, mais par les flancs. Leurs petits trous, dans les flancs et l'abdomen, sont appelés spiracles.

- Les termites utilisent les vibrations pour sonder le type de bois qui les entoure. Cela les aide à trouver la meilleure source de nourriture. De plus, si on leur fait écouter du heavy metal ou du rock, ils ont tendance à mâcher le bois plus rapidement !

- Le papillon de nuit Goliath est la plus grande espèce de papillons de nuit d'Amérique du Nord ! Dans certaines cultures, il représente la transformation et le pouvoir.

- Le seul insecte originaire de l'Antarctique est un moucheron, le Belgica antarctica, qui se nourrit de bactéries, d'algues et de déchets riches en azote, produits par les manchots. Il n'y a pas de prédateurs connus pour ce minuscule moucheron, qui semble avoir la vie facile.

- Les reines de certaines espèces de termites peuvent pondre environ 40 000 œufs par jour.

- Certaines espèces de faucons détectent les sons à l'aide de leur bouche. Cette technique, appelée sonar, est similaire à celle utilisée par les dauphins et les baleines pour détecter les sons.

- Les insectes sont essentiels à l'écosystème et contribuent à maintenir l'équilibre de la nature grâce à ce qu'ils mangent, font et produisent ! Ils ne sont pas toujours beaux à voir, mais beaucoup d'entre eux font un travail formidable pour les humains et la planète. Nous devrions les apprécier davantage !

- En 1999, la NASA a emmené quatre coccinelles dans l'espace. L'objectif était d'étudier comment les pucerons dont elles se nourrissent parviennent à échapper à leurs prédateurs en apesanteur. Je n'ai aucune idée de la raison pour laquelle ils voulaient savoir cela.

- Les coccinelles sont excellentes pour ton jardin ! Elles se nourrissent de parasites qui peuvent endommager les plantes. Alors, la prochaine fois que tu verras une coccinelle, pourquoi ne pas la déposer dans ton jardin ?

- On a observé des coccinelles qui faisaient semblant d'être mortes pour tromper les prédateurs. Elles relèvent leurs pattes et laissent échapper une petite quantité de liquide jaune orangé à l'odeur forte pour que les prédateurs pensent que la coccinelle est vraiment morte.

- Les coccinelles ont effectivement la capacité de pulvériser un liquide jaune orangé à partir de leurs articulations. Ce liquide a pour but d'effrayer les prédateurs.

- Historiquement, les coccinelles sont considérées comme un symbole de chance. Selon la légende, lorsqu'une coccinelle se pose sur toi, tu dois compter les points sur son dos pour prédire le nombre d'années de chance qui t'attendent. Certains croient également que le nombre de points représente le nombre de mois qui les séparent de la réalisation de leur vœu le plus cher.

- Les mantes religieuses se mangent entre elles après l'accouplement. Généralement, la femelle mange le mâle. Voilà ce qui s'appelle des rendez-vous dangereux.

- Les moustiques sont capables de boire trois fois leur poids en sang lorsqu'ils piquent. Cela fait beaucoup de sang !

- Sais-tu que les moustiques sont attirés par l'odeur des pieds ? En particulier les moustiques infectés par le paludisme. Il semblerait qu'ils soient trois fois plus attirés par l'odeur des pieds humains que leurs congénères non infectés. Voilà une bonne raison de bien se laver les pieds !

- À l'intérieur des fossiles, on a trouvé des moustiques de la période du Trias, datant de 400 millions d'années. Ces insectes très embêtants existent donc depuis très longtemps !

- Chez les moustiques, ce sont les femelles qui piquent. Il y a des filles dangereuses dans le monde des insectes !

- Les moustiques dansent pendant l'accouplement. Cette danse consiste à battre des ailes en rythme avec d'autres moustiques.

- Les araignées ne font pas partie des insectes, mais d'une espèce appelée arachnides. Les scorpions, les acariens et les tiques font également partie de cette classe qui a huit pattes.

- Sais-tu que la toile d'araignée est un liquide qui durcit instantanément au contact de l'air ?

- Un seul brin de soie de toile d'araignée est plus fin et plus délicat qu'un cheveu humain, mais il est cinq fois plus résistant qu'un fil d'acier qui serait de la même taille !

- Nous avons besoin des araignées pour vivre. Si toutes les araignées du monde disparaissaient, il y aurait une grande famine, car des insectes détruiraient toutes les récoltes. Les araignées mangent les insectes et protègent ainsi nos cultures ! Beaucoup de gens en ont peur, mais les araignées sont de bonnes amies de l'homme.

- Les toiles d'araignées étaient autrefois utilisées comme pansements. En effet, les toiles d'araignées semblent avoir des propriétés antiseptiques et antifongiques naturelles qui aident à garder les plaies propres et à prévenir les infections. Elles sont également riches en vitamine K, qui favorise la coagulation du sang.

- Certaines espèces de guêpes sont connues pour transformer les chenilles en véritables zombies. Peux-tu imaginer une chenille zombie ? Cela existe bel et bien ! Une guêpe vaudou peut pondre jusqu'à 80 œufs à l'intérieur d'une malheureuse chenille. Lorsque les œufs éclosent, les larves se nourrissent des fluides de la chenille, la transformant lentement en une sorte de zombie, qui fait de son mieux pour protéger la larve à l'intérieur et s'agite pour effrayer les prédateurs.

- Il faut environ 2 000 vers à soie pour produire un kilo de soie. Pas étonnant que la soie naturelle ait un prix élevé !

De la reptation au vol

- Les fourmis soulèvent et portent plus de 50 fois leur poids. Leurs muscles sont plus épais par rapport à leur taille que ceux d'animaux plus grands. Ces fourmis ont des muscles très épais et très forts.

- Il existe des centaines d'espèces de fourmis aux États-Unis et au Canada, mais seulement 25 d'entre elles vivent à proximité des humains.

- Certaines espèces de fourmis utilisent des outils pour collecter de la nourriture. Par exemple, la fourmi Camponotus cylindricus utilise ses larves comme outils vivants pour extraire le miellat des cochenilles. Les fourmis transportent les larves jusqu'aux cochenilles et les larves produisent alors une sécrétion qui est consommée par les fourmis. Une fois l'opération terminée, les fourmis ramènent les larves dans leur nid, saines et sauves.

- Certaines fourmis peuvent exploser à volonté. C'est le cas des fourmis de l'espèce Colobopsis saundersi que l'on trouve en Malaisie et à Brunei. Il s'agit d'un mécanisme de défense contre les prédateurs tels que les araignées ou d'autres fourmis. Les substances chimiques toxiques contenues dans le Colobopsis saundersi éclaboussent les prédateurs et les immobilisent. Ces fourmis se sacrifient pour protéger le reste de leur colonie. Ce sont vraiment des héroïnes !

- Un champignon tropical appelé Ophiocordyceps affecte le système nerveux des fourmis en créant des sortes de fourmis zombies. Les fourmis viennent mourir à un endroit précis près du champignon et le nourrissent ainsi. Pauvres petites fourmis.

- Autrefois, certaines fourmis avec de grandes mandibules étaient utilisées pour soigner les coupures et les égratignures. La fourmi était placée près de la plaie et quand elle mordait, ses mandibules maintenaient la peau en place sans qu'il soit nécessaire de faire des points de suture !

- Si elles étaient rassemblées, toutes les fourmis de la Terre pèseraient à peu près autant que tous les êtres humains. Une fourmi pèse environ un à cinq milligrammes, soit un million de fois moins qu'un être humain. Mais comme il y a beaucoup de fourmis, leur poids total serait similaire.

- Il y a un million de fourmis pour chaque être humain dans le monde. C'est beaucoup. Espérons qu'elles n'essaieront jamais de conquérir le monde.

- Les fourmis ne sont pas capables de mâcher les aliments. Pour se nourrir, elles avalent le jus extrait de la nourriture. Le reste n'est pas consommé.

- Sais-tu que certaines espèces de fourmis élèvent des pucerons comme "bétail" ? Elles les protègent et les soignent et, à leur tour, les pucerons produisent une substance sucrée appelée miellat, dont les fourmis se nourrissent. C'est un exemple fascinant de symbiose dans le monde des insectes.

- Les abeilles charpentières mâles ne piquent pas. Seules les femelles piquent.

- Sais-tu à quel point les abeilles mellifères travaillent dur ? Elles doivent effectuer environ dix millions de voyages pour collecter le nectar nécessaire à la production d'un seul kilo de miel. Alors, n'oublie pas de remercier les abeilles la prochaine fois que tu dégusteras du bon miel !

- En parlant d'abeilles, sais-tu qu'elles peuvent produire du miel coloré ? Des apiculteurs vivant à proximité d'une usine de M&M's ont remarqué que leurs abeilles produisaient du miel aux nuances vertes et bleues. Apparemment, les abeilles utilisaient les restes de bonbons produits par l'usine !

- Les abeilles peuvent voler jusqu'à 100 kilomètres par jour, à une vitesse de 24 kilomètres par heure. Ce n'est pas si mal !

- Les abeilles battent de leurs ailes environ 190 fois par seconde. En une minute, une abeille bat donc de ses ailes jusqu'à 11 400 fois.

- Les abeilles ne produisent pas leur bourdonnement typique avec leur bouche, mais avec le battement rapide de leurs ailes.

- Les abeilles peuvent voler plus haut que le mont Everest. C'est-à-dire à près de 9 000 mètres d'altitude, au-dessus du niveau de la mer, soit bien plus haut que la plus haute montagne du monde.

- Le venin d'abeille a été utilisé pour le traitement de maladies telles que la sclérose, la tendinite et l'arthrite. En effet, leur venin est anti-inflammatoire. Donc, si tu te fais piquer par une abeille, peut-être que cela te fera plus de bien que de mal ! N'essaie pas quand même.

- On estime qu'il existe au moins 350 000 espèces de coléoptères dans le monde, et nous ne les avons pas encore toutes découvertes !

- Certaines personnes gardent des cafards comme animaux de compagnie. C'est notamment le cas au Japon, où les scientifiques estiment qu'environ 99 % des enfants du pays auront tôt ou tard un cafard comme animal de compagnie.

- Certains cafards sont attirés par les ampoules électriques. Tu en as peut-être vus qui volent autour d'une lampe d'extérieur, la nuit.

- Le scarabée Arlequin est un véritable taxi pour les araignées qui se glissent sous ses ailes et l'utilisent comme moyen de transport d'un endroit à l'autre.

- Le bousier est l'un des insectes les plus puissants de la planète. Il peut tracter environ 1 141 fois son propre poids. C'est l'équivalent d'un homme moyen qui tirerait deux camions de 18 roues complètement chargés !

- Les papillons ne pèsent pratiquement rien. Effectivement, 100 papillons monarques pèsent à peine un gramme.

- Les papillons utilisent leurs pattes pour goûter la nourriture. La plupart de leurs papilles gustatives sont situées sur leurs pattes, mais certaines se trouvent dans la trompe, qui est le long tube que les papillons utilisent pour se nourrir. C'est une sorte de long nez.

- Les papillons émettent des sons en frottant ou en faisant claquer des parties de leur corps, comme leurs ailes ou leurs pattes.

- Les papillons s'arrêtent aux mêmes endroits à chaque migration. Les groupes de papillons voyageurs s'arrêtent aux mêmes endroits que leurs prédécesseurs.

- Les chenilles ont plus de muscles que les humains ! Ces insectes ont environ 4 000 muscles, dont 248 dans la tête. L'homme n'en a que 700 dans tout son corps !

- Sais-tu que les chenilles ont 12 yeux ? Pourtant, elles n'ont pas une excellente vue. En réalité, elles sont presque aveugles !

- Sais-tu que les chenilles peuvent consommer environ 25 000 fois leur poids en nourriture ? Surtout pendant la mue qui dure un certain temps jusqu'à ce qu'elles se transforment. Les chenilles sont des insectes affamés !

- Sais-tu que les pattes des mille-pattes peuvent repousser ? Lorsque des prédateurs les attaquent, ils abandonnent leurs pattes et s'enfuient !

- On pourrait penser que les mille-pattes ont une centaine de pattes, mais ce n'est pas tout à fait exact. Ils ont entre trente et trois cents pattes. Il est étonnant de constater qu'ils ne trébuchent pas avec toutes ces pattes. Cela m'arrive souvent et je n'en ai que deux !

- La phobie des cafards porte un nom long et compliqué, la katsaridaphobie. Je suis presque sûr que beaucoup de gens ont cette phobie.

- Les blattes peuvent vivre jusqu'à une semaine sans tête. Contrairement aux humains, les blattes respirent par de petits trous dans leur corps, et n'ont pas besoin de bouche ni de nez pour respirer. Mais comme elles ont besoin de leur bouche pour manger et boire, elles meurent de faim ou de déshydratation au bout d'une semaine.

- Le coléoptère aux ailes les plus longues du monde est le *Megaloblatta Longipennis,* qui a la taille d'un avocat.

- Les grillons ont des oreilles sur leurs pattes. Des ouvertures dans l'exosquelette mènent à des chambres à l'intérieur de la patte. C'est cela qui leur permet d'entendre. En les orientant d'une certaine manière, les grillons arrivent à déterminer la direction d'un bruit.

- Le bruit que font les grillons en frottant leurs pattes l'une contre l'autre s'appelle la stridulation. Ce bruit permet d'attirer des partenaires potentiels.

- On pense que le chant des grillons permet de connaitre la température extérieure. Voici comment faire : en comptant le nombre de fois où les grillons chantent, en le divisant par quatre et en ajoutant 40 au nombre obtenu, on trouve la température extérieure ! Tu peux tenter l'expérience ! Mais ce sont peut-être des degrés Fahrenheit !

- Il existe 36 espèces de libellules au Royaume-Uni.

- C'est la chaleur du soleil qui donne aux libellules l'énergie nécessaire pour voler car leurs ailes doivent être chaudes pour fonctionner. Si une libellule se refroidit, elle cherche un point chaud pour accumuler de la chaleur avant de recommencer à voler.

- Les lucioles s'allument parfois en vagues rapides et simultanées. Cela suggère que les lucioles s'inspirent les unes des autres pour produire ce qui semble être un clignotement synchronisé.

- Une autre curiosité concernant les lucioles est que certaines femelles ne volent pas. Elles n'ont pas d'ailes !

- Certaines lucioles adultes ne mangent pas. Certaines se nourrissent de nectar de fleurs ou de lucioles plus petites, mais d'autres ont une durée de vie si courte qu'elles n'ont tout simplement pas le temps de manger.

- Les puces peuvent sauter 130 fois plus haut que leur taille. Pour des humains, cela équivaut à un saut de 260 mètres pour une personne mesurant deux mètres.

- Il semblerait que les mouches mâles, en Inde, fassent des pompes pour attirer des partenaires. Parfois, les humains font aussi la même chose ?!

- Le meganisoptera était une espèce de libellule dont l'envergure pouvait atteindre 76 centimètres. Il était donc si grand qu'il devait ressembler à un oiseau et non à un insecte ! Il a disparu il y a environ 250 millions d'années.

- Les sauterelles ont des organes dans leurs pattes arrière qui stockent toute l'énergie dont elles ont besoin pour sauter.

- Sais-tu que les sauterelles sont une espèce très ancienne ? Elles existaient avant même les dinosaures.

- Quelle est la nourriture préférée des bourdons ? Les abeilles, bien sûr ! Ils mangent aussi des guêpes, des sauterelles et des grillons. Ils ne sont pas vraiment difficiles, n'est-ce pas ?

- Personne n'aime les mouches. Mais je parie que tu les aimeras encore moins quand tu sauras que les mouches mangent leur vomi !

- Les mouches bourdonnent en "fa". Quelle musique ! Dommage qu'elles soient si embêtantes.

- Les mouches ne vivent que deux semaines environ. Soit en moyenne 15 à 30 jours. Dans une maison ou dans des laboratoires chauffés, elles ont la chance de vivre plus longtemps que leurs congénères dans la nature.

- Une mouche femelle peut pondre plus de 500 œufs au cours de sa vie. Et, comme nous venons de le voir, la durée de vie d'une mouche est plutôt courte, de deux semaines à un mois seulement ! Cela fait donc un grand nombre d'œufs, compte tenu de la brièveté de leur existence.

- Les pattes d'une mouche sont 10 fois plus sensibles que la langue humaine car elles les utilisent pour trouver de la nourriture.

- Environ un milliard de personnes dans le monde mangent des insectes. En effet, ils peuvent contenir jusqu'à 70 % de protéines, peu de matières grasses et sont très digestes.

- Les ailes de certains papillons de nuit sont un outil de défense contre les chauves-souris. Leur structure perturbe l'écholocalisation des chauves-souris et les désoriente lorsqu'elles chassent.

Golf

- Fait intéressant, la première partie de golf répertoriée a été jouée en Écosse en 1457 entre Jacques II d'Écosse et Douglas, comte d'Angus. On raconte qu'ils auraient parié une tête de cerf pour le gagnant.

- Le terme "birdie" est apparu aux États-Unis à la fin du XIXe siècle. Il désigne un score inférieur d'un coup "au par" sur un trou. Le terme aurait été inventé en 1899 par le golfeur américain Ab Smith, qui l'aurait utilisé pour décrire un "birdie" qu'il avait réussi. Le terme s'est répandu parmi les golfeurs et fait désormais partie du lexique de ce sport.

- Tiger Woods a réalisé son premier trou en un coup, ou "hole-in-one", lors d'une partie de golf à l'âge de huit ans. De toute évidence, il avait un don pour ce sport !

- Les premières balles de golf étaient faites de plumes et de cuir et étaient difficiles à utiliser parce qu'elles n'avaient pas de fossettes et volaient donc à une vitesse réduite.

- Les chances de faire un trou en un coup (hole-in-one) au golf sont minces. Pour être précis, les chances sont de 12 500 contre 1. Pour les professionnels, c'est 2 500 contre 1. Si tu y parviens, tu seras peut-être le prochain Tiger Woods !

- Le plus long putt jamais enregistré est de 33 mètres. Il a été réalisé par Jack Nicklaus en 1964. Ce putt était plus long que les greens !

- Les balles de golf peuvent atteindre une vitesse de 270 km/h. Sais-tu que la vitesse à laquelle une balle de golf se déplace est 1,5 fois la vitesse à laquelle tu fais un swing ? Ainsi, si tu “balances” ton club à 100 km/h, la balle se déplacera à environ 150 km/h.

Football

- Le football est de loin le sport le plus populaire au monde. Il compte au moins 265 millions d’adeptes. Pour y jouer, il suffit d’un ballon et d’une cour ou d’un terrain.

- La Coupe du monde de football, en 2018, a été suivie par la moitié de la planète. Il y a eu 3,57 milliards de spectateurs, soit plus de la moitié de la population mondiale.

- Le carton rouge le plus rapide de toutes les Coupes du monde remonte à 1986, lorsque le joueur uruguayen José Batista a été expulsé par l’arbitre après seulement 56 secondes. José avait taclé le joueur écossais Gordon Strachan. Cependant, le match s’est terminé par un score nul et l’Uruguay a réussi à se qualifier pour la phase suivante. Les coéquipiers de José n’ont probablement pas été trop fâchés contre lui.

- Les footballeurs courent en moyenne sept kilomètres durant un match. Parfois, ils en parcourent jusqu’à neuf ou dix. Pas étonnant que les footballeurs professionnels soient autant en forme !

- En 1930, lors de la première Coupe du monde, un joueur appelé “le manchot” parce qu’il avait perdu sa main droite a marqué le but de la victoire. Il s’appelait Hector Castro et a marqué à la dernière minute du match, faisant de l’Uruguay le premier pays à remporter le titre.

❍ Le record du plus grand nombre de buts marqués contre son camp par un joueur en Premier League appartient à Richard Dunne. C'était un bon joueur et il a même remporté quatre fois le titre de joueur de l'année de Manchester City, mais il a également marqué dix buts contre son camp au cours de sa carrière. Si un jour tu le rencontres, évite de lui en parler !

❍ Certains petits pays ont atteint les dernières étapes de la Coupe du monde. L'équipe d'Islande a obtenu une qualification historique pour la Coupe du monde de Russie en 2018, après avoir échoué douze fois auparavant. À l'époque, la population islandaise n'était que de 370 000 habitants, ce qui est peu, en sachant qu'une ville comme Paris compte plus de deux millions d'habitants ! Malheureusement, l'équipe islandaise n'a remporté aucun match en Russie, mais s'y rendre était déjà une grande réussite.

❍ Les arbitres n'ont été introduits dans le foot que dans les années 1880 et 1890, alors que le football était déjà pratiqué depuis près d'un siècle. Jusqu'alors, les problèmes ou les disputes sur le terrain étaient résolus par des discussions entre les joueurs. Tu imagines cela de nos jours ?

❍ La question de savoir quel est le plus ancien club de football du monde fait débat chez les spécialistes. Les plus anciens remontent au XIXe siècle. Mais il semble que l'équipe du Sheffield Football Club existe depuis cent cinquante ans. Ça fait bien longtemps qu'ils tapent dans un ballon !

Baseball

❍ Le lancer le plus rapide jamais enregistré dans un match de la Major League de baseball est celui d'Aroldis Chapman des Reds de Cincinnati le 24 septembre 2010. Son lancer a atteint la vitesse incroyable de 105,1 miles/h, ce qui en fait le premier lancer de plus de 105 miles/h dans un match de MLB. Et je te précise que 105 miles/h, c'est un peu plus que 168 km/h !

❍ Les balles de baseball doivent être inspectées par l'arbitre deux heures avant chaque match. Il existe de nombreuses autres règles similaires pour le baseball, telles que l'inspection des équipements et des uniformes.

❍ Tous les joueurs de la Major League de baseball doivent porter des sous-vêtements noirs à chaque match. Pourquoi ? Au cas où ils fendraient ou déchireraient leur pantalon !

- La tradition américaine veut que ce soit le président des États-Unis qui lance la première balle lors d'un match de la Major League. Cette tradition a été perpétuée par tous les présidents sauf trois. Jimmy Carter, Donald Trump et Joe Biden.

- À l'origine, les arbitres de baseball étaient assis dans des fauteuils à bascule. Ils se tenaient à 20 pieds, environ 6,90 mètres, derrière le marbre, confortablement assis dans leurs chaises pendant le jeu. C'est peut-être un genre de sport que j'aimerais !

- Lors d'un match de la Major League, une balle ne sert que pour cinq à huit lancers. Ensuite, elle est considérée comme usée et n'est utilisée que pour l'entraînement ou bien elle est donnée aux équipes des ligues mineures.

- Le joueur de baseball Wade Boggs était connu pour ne manger que du poulet les jours de match. Il se réveillait toujours à la même heure et courait des sprints à exactement 7 h 17. Jim Rice l'appelait "l'homme poulet". Wade Boggs dessinait également un symbole "hayi" sur le terrain de jeu lorsqu'il était à la batte. "Hayi" est le symbole de la vie en hébreu. Plutôt superstitieux !

- Les équipes de la MLB utilisent environ 850 000 balles par saison. Elles sont très exigeantes sur la qualité des balles ! Pour te donner une idée, ce nombre correspond à peu près à la population de Tegucigalpa, la capitale du Honduras.

- Il y en a à peine 18 minutes d'action dans un match de baseball ! Le reste du temps, les participants marchent ou se mettent en position.

- Les joueurs aux yeux bruns frappent plus de balles que les joueurs aux yeux bleus ! Cela s'explique par le fait que les joueurs aux yeux bleus sont plus facilement éblouis par le soleil ou son reflet sur les objets qui les entourent.

- Le record du plus grand nombre de manches en Major League est détenu par Cy Young, avec 7 356 manches.

- Un fan de 17 ans s'était emparé de la balle de baseball du 700e home run de Babe Ruth et avait demandé 20 dollars pour la rendre. Apparemment, Babe Ruth et ce fan sont restés amis après l'incident.

- Le joueur Ken Griffey Jr., qui a frappé jusqu'à 630 home runs au cours de sa carrière, a eu l'honneur d'avoir une tablette de chocolat à son nom.

Ironiquement, Ken était allergique au chocolat. La tablette s'appelait "Ken Griffey Jr. Milk Chocolate Bar"... Ce n'est pas très original !

❍ Babe Ruth portait des feuilles de chou sous son chapeau pour mieux résister aux températures élevées pendant les matchs. En effet, à l'époque, les uniformes de baseball étaient en laine et, au printemps et en été, ils pouvaient tenir très chaud.

❍ Lors de l'offensive des Ardennes de la Seconde Guerre mondiale, les Allemands avaient eu une idée géniale. Ils avaient envoyé certains de leurs hommes portant des uniformes américains dans les territoires contrôlés par les Américains. Ces infiltrés parlaient bien l'anglais et pouvaient se fondre dans la masse, ce qui leur permettait de semer la pagaille. Cependant, les soldats américains ont rapidement mis au point un contre-plan. Lorsqu'ils rencontraient un soldat américain qu'ils ne connaissaient pas, ils lui posaient des questions sur le baseball. S'il ne connaissait pas les réponses, il était presque certain qu'il s'agissait d'un imposteur. Cela montre à quel point ce sport était populaire aux États-Unis, à l'époque.

Tennis

❍ Le plus long match de tennis de l'histoire a duré 11 heures et 5 minutes. Il a fallu trois jours pour le terminer ! Les joueurs devaient être fatigués !

❍ Lors des championnats de Wimbledon, environ 42 000 balles de tennis sont utilisées. Chacune de ces balles est cruciale pour le jeu !

❍ Autrefois, le gazon de Wimbledon était haut de cinq centimètres, mais un joueur anglais a été mordu par un serpent qui se cachait dans l'herbe, c'est pourquoi la hauteur a été réduite à huit millimètres.

- Avant l'invention des raquettes de tennis, les joueurs utilisaient leurs paumes pour envoyer les balles par-dessus le filet. Cela devait être douloureux !

- Le tennis est un sport très ancien qui remonterait au XIIe siècle. Le roi Henri VIII était grand amateur de ce sport, et l'on raconte qu'il jouait au tennis au moment de l'exécution de sa seconde épouse, Anne Boleyn !

- La plus jeune joueuse à avoir participé à Wimbledon n'avait que 13 ans ! Mita Klima y a participé en 1907, mais n'a malheureusement pas dépassé le premier tour.

Course

- Le pilote de Formule 1 Sebastian Vettel glisse des pièces de monnaie porte-bonheur dans les lacets de ses bottes. Je ne sais pas si elles l'aident à gagner ou non.

- Au lieu de l'air, la plupart des équipes NASCAR utilisent de l'azote dans leurs pneus. En effet, le taux d'expansion et de contraction de l'azote est beaucoup plus constant que celui de l'air. Il suffit d'une livre de pression pour affecter la traction et la maniabilité d'une voiture.

- Les courses de chevaux sont un sport dangereux. Environ deux ou trois jockeys sont blessés, chaque année, lors de leur participation à des courses.

- En 1937, une course de guépards a été organisée au stade de Romford Greyhound pour augmenter le nombre de visiteurs. Une femelle guépard nommée Helen était connue sous le nom de "Reine de l'hippodrome".

- Le jockey le mieux payé au monde s'appelle Irad Ortiz, Jr. Il est Porto-Ricain et gagne environ 35 126 124 dollars par an. C'est une jolie somme !

- As-tu déjà entendu l'expression "Il a gagné haut la main" ? Apparemment, cette expression vient d'un jockey qui gagnait des courses sans jamais tirer les rênes de son cheval.

- Valentino Rossi a remporté sa première victoire en MotoGP, championnat du monde, en 2000, à Donington Park, alors qu'il était encore en 500cc. Sa dernière victoire en MotoGP remonte à 2017, lors du TT d'Assen. Au total, pendant 16 ans et 351 jours, Rossi a remporté chaque saison dans sa catégorie, soit la plus longue série de victoires de tous les temps.

- Aux Jeux olympiques de 1928, un rameur nommé Bobby Pearce s'est arrêté en pleine course pour laisser passer une famille de canards. Comme c'est mignon !

- Piloter une voiture monoplace pendant une course de Formule 1 demande un effort physique important et peut entraîner une perte d'eau considérable. C'est pourquoi, tour après tour, les pilotes peuvent perdre jusqu'à 2 kg !

- Lorsqu'une voiture de Formule 1 atteint 190 km/h, elle peut traverser le toit d'un tunnel. Cela est dû à un phénomène appelé "force aérodynamique descendante", qui pousse la voiture vers le bas.

- C'est un homme nommé Grete Waltz qui a gagné le plus de marathons de New York. Il a neuf victoires à son actif !

- Pendant une course de Formule 1, un pilote consomme environ trois litres d'eau par heure de course. Pour éviter la déshydratation, les pilotes doivent boire suffisamment avant et pendant la course. Boire, c'est important !

Basket-ball

❍ T'es-tu déjà demandé à qui appartenait la silhouette du logo de la NBA ? Il s'agit de Jerry West, joueur des Lakers, qui figure sur le logo depuis plus de 50 ans. En 2020, il a été question de remplacer cette silhouette par celle de Kobe Bryant. Mais finalement, ça ne s'est pas fait.

❍ Le plus grand joueur de basket-ball de l'histoire mesurait 2,4 mètres ! Il s'agit de Suleiman Ali Nashnush qui a joué pour une équipe libyenne en 1962. Le joueur le plus grand de l'histoire de la NBA était Manute Bol, qui mesurait 2,3 mètres. Mais ne t'inquiète pas, il n'est pas nécessaire d'être un géant pour devenir professionnel. Le joueur de la NBA Tyrone Curtis "Muggsy" Bogues ne mesurait qu'un mètre quatre-vingt-dix !

❍ Le nom complet du plus célèbre des sports d'intérieur est basket-ball, et pas seulement basket. À l'origine, il se jouait avec un panier d'osier fixé à un poteau en guise de cible. Lorsqu'une équipe marquait, l'arbitre devait grimper sur une échelle pour récupérer le ballon !

❍ Les cerceaux sont suffisamment grands pour accueillir deux ballons de basket à la fois ! Cependant, il est peu probable que cela se produise, d'autant plus qu'un seul ballon est utilisé dans un match.

❍ Yao Ming, basketteur chinois connu pour son incroyable taille de 2,29 mètres, a fait partie des stars de la NBA entre 2002 et 2011. Selon un journaliste américain, sa naissance serait issue d'un mariage arrangé entre deux basketteurs par le gouvernement chinois.

❍ Lorsque Kareem Abdul-Jabbar a pris sa retraite en 1989, il avait marqué 38 387 points dans toute sa carrière. Plus que n'importe quel autre joueur...!

❍ Michael Jordan gagne plus d'argent chez Nike que tous ceux qui travaillent pour Nike en Malaisie. Ce sont eux qui fabriquent les chaussures et les vêtements. Ils devraient être mieux payés !

❍ Jusqu'en 1937, au basket-ball, l'arbitre lançait un “entre-deux” pour réinitialiser le jeu après chaque panier. Cette pratique a été progressivement abandonnée, parce qu'elle faisait durer les matchs trop longtemps.

❍ Le meilleur buteur de l'histoire de la NBA, Kareem Abdul-Jabbar, collectionne les tapis. Cela montre que les athlètes ont des centres d'intérêt très variés.

- Un jour, Michael Jordan s'est fait voler son maillot et a dû porter un autre numéro ! Il portait le numéro 12, alors qu'habituellement il porte le numéro 23, qui est probablement devenu l'un des numéros les plus emblématiques de l'histoire du sport !

Jeux olympiques

- Les couleurs des anneaux olympiques sont importantes et ont une véritable signification. Chaque couleur représente l'un des cinq continents participants. Tu te demandes peut-être pourquoi il n'y a que cinq couleurs alors qu'il y a sept continents. C'est parce que l'Antarctique ne participe pas aux Jeux olympiques et que l'Amérique du Nord et l'Amérique du Sud sont considérées comme un seul continent.

- Le Liechtenstein n'a jamais remporté de médaille olympique. Mais il y a toujours une première fois et celui qui la gagnera sera un héros national !

- Les médailles d'or olympiques sont en réalité principalement composées d'argent et ne sont plus en or pur depuis 1912. Toutefois, elles contiennent environ six grammes d'or. Les médailles d'argent sont en argent pur et les médailles de bronze en laiton.

- Lors des Jeux olympiques de 1900 à Paris, des pigeons vivants ont été utilisés pour le concours de tir. Plus de 300 oiseaux ont été tués, ce qui a suscité des protestations de la part des défenseurs des droits des animaux et a finalement conduit à l'interdiction de l'épreuve pour les Jeux olympiques suivants. Les pigeons vivants ont ensuite été remplacés par des pigeons d'argile jusqu'en 2008.

- Sais-tu que le skateboard est désormais un sport olympique ? Il a été ajouté aux Jeux olympiques d'été de 2020.

- Londres est la seule ville à avoir accueilli les Jeux olympiques à trois reprises, en 1908, 1948 et 2012. Paris et Tokyo, en revanche, ont accueilli les Jeux olympiques à deux reprises.

- Les premiers Jeux olympiques à inclure des femmes ont eu lieu à Paris en 1900. Sur 997 athlètes, 22 femmes ont concouru dans cinq sports différents, le tennis, la voile, le croquet, le golf et l'équitation.

- Avant que les médailles ne soient décernées aux vainqueurs, la récompense des gagnants des Jeux olympiques était un rameau d'olivier torsadé et décoré pour ressembler à une couronne. Pour les Grecs de l'Antiquité, ce rameau avait une signification profonde, il représentait la réussite et la vitalité.

- Les premiers Jeux olympiques d'été à avoir été entièrement télévisés ont eu lieu à Tokyo, au Japon, en 1964. Cela a contribué à consolider la popularité des Jeux olympiques en tant qu'événement sportif international majeur. Avant 1964, certains événements étaient télévisés, mais pas tous. De plus, les retransmissions étaient souvent en différé. Les Jeux olympiques de Tokyo ont également été les premiers à être diffusés en couleur, ce qui a permis d'accroître le spectacle et l'intérêt des Jeux.

- Les premiers Jeux olympiques modernes ont eu lieu à Athènes, en Grèce, en 1896. Ils se sont déroulés du 6 au 15 avril et ont rassemblé quelque 280 athlètes, tous masculins, venus de 12 pays différents.

- L'art était autrefois considéré comme un sport olympique. Lors des premiers Jeux olympiques, la peinture, la sculpture, l'architecture, la littérature et la musique complétaient les autres compétitions sportives. De 1912 à 1952, des médailles ont été décernées à des artistes de talent.

- Le record du plus grand nombre de pays participant aux Jeux olympiques est de 92, pour les Jeux olympiques d'hiver de 2018, à Pyeongchang, en Corée du Sud. C'est un nombre important si l'on considère que lors des premiers Jeux olympiques modernes en 1896, seuls 14 pays ont participé. Un long chemin a été parcouru depuis ! En 2018, quelque 2 952 athlètes ont participé, représentant 92 pays au total.

- L'homme est capable de sauter de plus grandes distances que le cheval. Lors des Jeux olympiques, Mike Powell a fait un saut en longueur de 8,95 mètres, soit environ deux mètres de plus que le record établi par un cheval.

C'est aussi un sport

- Nous pensons que la lutte et la boxe ont été les premiers sports à être considérés comme tels. Il est impossible de le savoir avec certitude, mais certains pensent que la lutte est le sport le plus ancien. En effet, de célèbres peintures rupestres datant de plus de 15 000 ans et représentant des lutteurs ont été découvertes à Lascaux, en France.

- Henry Lewis, joueur professionnel de snooker (une variante du billard), a un jour réussi 46 boules d'affilée. Ses adversaires ne pouvant jouer qu'à la fin du tour de Lewis, ils ont dû attendre longtemps !

- Le cerf-volant est considéré comme un sport professionnel en Thaïlande. De très sérieux championnats de cerfs-volants sont organisés à Bangkok, chaque printemps.

- On pourrait penser que plus le maillot de bain est petit, plus la nage est rapide, mais certains nageurs professionnels ne sont pas de cet avis et sont convaincus que plus le maillot couvre le corps, plus ils peuvent aller vite. Par conséquent, un maillot de bain qui couvre même les bras les aide à nager plus vite !

- Le slap shot est le tir le plus rapide et le plus difficile au hockey. Certains pensent que le plus rapide a été exécuté par le Canadien Bobby Hull en février 1968, atteignant une vitesse impressionnante de 190 km/h.

- En 1968, il n'y a donc pas si longtemps, le *New York Times a* publié un article sur des individus bizarres qui, pendant leur temps libre, pratiquaient la course à pied. Le journaliste a interrogé plusieurs personnes qui avaient cette étrange habitude. Dans l'article, les pionniers du jogging affirmaient qu'ils couraient tôt le matin, parce que courir le soir serait considéré comme suspect.

- Tu penses que le yoga est synonyme de relaxation et de paix intérieure ? Tu te trompes ! Un jeune Canadien a inventé le "yoga de la rage" ou "yoga de la colère", qui consiste à pratiquer des postures de yoga pour évacuer sa colère en jurant, en buvant de l'alcool et en écoutant de la musique forte.

- La recherche scientifique a montré que la course d'endurance aiguise le système nerveux et améliore la mémoire et la capacité d'apprentissage.

- En Finlande, il existe une compétition annuelle au cours de laquelle les concurrents doivent effectuer une course d'obstacles… avec leur femme sur les épaules ! Il s'agit de la Sonkjärvi, ou "course avec la femme". Le vainqueur gagne une quantité de bière égale au poids de son épouse !

- Le sport national de l'Afghanistan et du Kazakhstan est le Buzkashi, qui signifie littéralement "attraper la chèvre". Des participants, à cheval, doivent saisir la carcasse d'une chèvre et la lancer au-dessus d'une ligne, délimitant la zone de compétition.

- Il existe environ 8 000 sports dans le monde, mais seuls 200 d'entre eux sont reconnus comme des sports officiels.

- Les compétitions de marche ont vu le jour entre le XVIIe et le XVIIIe siècle, lorsque les valets de pied marchaient à côté des voitures de leurs maîtres tirées par des chevaux. Au bout d'un certain temps, les maîtres ont commencé à parier sur les valets de pied, à prévoir lequel d'entre eux marcherait le plus vite. La marche est apparue pour la première fois aux Jeux olympiques en 1904, mais elle n'en fait plus partie aujourd'hui.

❍ En 1971, sur la Lune, Edgar Mitchell a lancé un javelot qui a atterri dans le cratère où est tombée la première balle de golf frappée sur la Lune. Je me demande ce qu'il y a d'autre là-bas ?

❍ En 1962, un fan canadien de hockey a tenté de voler la célèbre Coupe Stanley. Le match se déroulait à Chicago et l'équipe de Chicago pouvait battre les Canadiens. Ce jour-là, Ken Kilander a ouvert la vitrine, a pris le trophée et a tenté de s'enfuir. Il a été immédiatement rattrapé et a déclaré qu'il avait fait cela suite à un pari et qu'il n'aurait pas gardé le trophée. Le juge a dû le croire, car Ken n'a reçu qu'un avertissement et a été condamné à une amende de 10 dollars.

❍ Les gauchers sont plus doués pour les sports qui exigent des réactions rapides et une bonne vision de l'espace. Les droitiers sont plus doués pour les sports qui demandent du temps. Cela s'explique par le fait que le cerveau d'un gaucher est plus symétrique et que les connexions entre les deux hémisphères cérébraux sont plus nombreuses. Cela ne les rend pas nécessairement plus intelligents, mais cela leur donne un avantage dans certains sports.

❍ Le sport le plus populaire au monde, en termes de supporters, est probablement le football. Par exemple, plus de 30 milliards de personnes ont regardé la Coupe du monde 2006. Ce chiffre est peut-être un peu exagéré. En effet, si quelqu'un a regardé un match, il a été compté une fois. Si la même personne a regardé un autre match, elle a été comptée à nouveau. Le football est un jeu si facile à pratiquer, que seul un ballon suffit ! Il n'est donc pas surprenant qu'il soit aussi le sport le plus populaire en ce qui concerne la participation.

- La boxe n'est devenue légale qu'en 1901 ! Auparavant, la boxe se déroulait dans des lieux secrets et seules quelques personnes choisies étaient autorisées à assister aux combats, au risque d'être repérées par la police et arrêtées.

- La première femme à sauter en parachute est Jeanne-Geneviève Garnerin, qui s'est élancée d'une montgolfière en 1799, à 900 mètres au-dessus de… Paris !

- Le sport officiel de l'État du Maryland, aux États-Unis, est la joute à cheval. C'était en 1962 et le Maryland a été le premier État à l'adopter comme sport officiel. La joute à cheval, avec des lances, est l'un des plus anciens sports équestres au monde.

- Le bowling a une longue histoire et un vocabulaire amusant et curieux. En effet, trois strikes d'affilée au bowling sont appelés *"turkey"* en anglais. En effet, à la fin des années 1700, les joueurs de bowling qui réussissaient trois strikes d'affilée recevaient des dindes en guise de prix.

- Le volley-ball a été inventé en 1895 dans le Massachusetts, aux États-Unis, sous le nom de "mintonette". Ce jeu a été créé dans le cadre d'un programme d'exercices pour les personnes âgées du YMCA local (une association à but non lucratif) qui pensait que le basket-ball était trop exigeant pour les seniors.

- Le bowling est un sport très ancien. Il a été inventé vers 5200 avant notre ère, en Égypte. Je crois finalement que les humains aiment lancer des boules sur des objets et les regarder tomber. On a retrouvé des dessins muraux représentant des boules et des quilles miniatures.

- Le hockey est également un sport très ancien. Il remonte à la Grèce antique, car on a retrouvé des dessins de personnes jouant avec des bâtons courbés et des balles, datant de 600 ans avant notre ère. À l'origine, ce sport était appelé "shinty". Le mot hockey a été utilisé pour la première fois en 1363 par Édouard III d'Angleterre.

- Quels sont les sports les plus dangereux au monde ? La réponse pourrait te surprendre. Voici le classement… La course à pied, la plongée, le canoë, l'alpinisme extrême et l'athlétisme.

- Le record du monde du plus grand nombre de pompes a été établi en 1980 par Minoru Yoshida. Il en a fait 10 507 d'affilée ! Il a dû être très fatigué après ça.

- La plus grande distance atteinte par une flèche tirée à l'arc est de 1 083 mètres. C'est l'Américain Tyler Toney qui détient ce record.

- Javier Sotomayor est un athlète cubain spécialiste du saut en hauteur. En 1993, il a battu le record du monde en sautant 2,45 mètres, soit la taille d'un petit éléphant ! Ce record n'a toujours pas été battu à ce jour.

- Le repassage extrême est un sport étrange que tu ne connais peut-être pas. Il consiste à repasser des vêtements avec des fers à repasser réglés au maximum de température et dans des endroits dangereux, par exemple au sommet d'une montagne. C'est risqué et peu pratique.

- Un autre sport étrange est le "cycle ball". Les joueurs font le tour d'un terrain en essayant de frapper une balle et en utilisant uniquement les roues de leur bicyclette. Les pieds ne doivent en aucun cas toucher le sol et il n'y a que deux joueurs par équipe.

- Le plus long combat de boxe de l'histoire est celui qui a opposé Andy Bowen à Jack Burke. Le combat a duré 111 rounds et 7 heures et 19 minutes, jusqu'à ce que l'arbitre déclare un match nul parce que les deux hommes n'étaient plus en mesure d'être départagés.

- Le KO le plus rapide en MMA s'est produit après seulement deux secondes ! Il s'agit de celui entre Jorge Masvidal et Ben Askren. Masvidal a mis Askren KO avec un "genou volant".

- Les athlètes les mieux payés au monde sont Roger Federer, Cristiano Ronaldo, Lionel Messi, Neymar et LeBron James.

- Le "marn grook" est un genre de football pratiqué par les Aborigènes d'Australie. Jusqu'à 100 joueurs peuvent jouer en même temps ! "Marn grook" signifie "jeu de ballon" en Woiwurung, la langue du peuple Wurundjeri.

INDIAN OCEAN

Les joyaux de la géographie

Asie

- Le plus vieil hôtel du monde a été fondé au Japon en 705 de notre ère. Il s'agit du *Nishiyama Onsen Keiunkan* et il est géré par la même famille depuis plus de 52 générations.

- Les Japonais appellent "Kuchi Zamishi" le fait de manger par ennui. Ces mots signifient que tu manges même si tu n'as pas faim, parce que ta bouche se sent seule. Un sentiment compréhensible !

- Le plus haut gratte-ciel du monde est le Burj Khalifa à Dubaï, à la lisière du Moyen-Orient et de l'Asie. Cet immeuble mesure plus de 828,80 mètres de haut et abrite de nombreux bureaux et activités de loisirs.

- Il est interdit de survoler le Taj Mahal, à Agra en Inde, car la pollution des avions pourrait affecter le marbre blanc de l'édifice.

- La plus ancienne ville du monde dont certains murs sont encore debout est Damas, en Syrie. Les recherches suggèrent que Damas a été habitée pour la première fois entre 8000et 10000 ans avant notre ère. C'est donc très ancien ! Qui sait combien de choses intéressantes il y a là-bas ?

- Le pays le plus peuplé du monde est la Chine. Elle compte, en 2023, environ 1,464 milliard d'habitants. Toutefois, l'Inde devrait lui ravir ce titre assez rapidement dans les années à venir, avec déjà 1,438 milliard d'habitants.

- Bangkok est connue pour sa cuisine de rue et a été nommée meilleure ville au monde pour la cuisine de rue par CNN en 2017. Il y a de nombreux vendeurs de nourriture dans les rues de Bangkok qui proposent une grande variété de plats délicieux et abordables, ce qui en fait une destination populaire pour les gourmands. Aimes-tu découvrir de nouveaux aliments ?

- L'Arabie saoudite n'a pas de lacs ou de rivières permanents, c'est donc un pays désertique. Il n'y a même pas assez de précipitations pour créer des mares durables !

- Le volcan Taal, situé aux Philippines, est l'un des plus petits volcans actifs du monde, avec une hauteur de 311 mètres seulement. Mais il est considéré comme l'un des volcans les plus dangereux au monde en raison de ses éruptions fréquentes et de sa proximité avec les zones habitées.

- La Mongolie est un pays assez dangereux en matière de tremblements de terre. Il y en a eu 56 en 2020 et 255 en 2021. Voilà pour les mauvaises nouvelles. La bonne nouvelle est que la Mongolie a une faible densité de population, moins de trois millions et demi d'habitants, de sorte que les tremblements de terre ne sont pas aussi destructeurs qu'ils le seraient dans une région très peuplée. Les tremblements de terre fréquents sont néanmoins considérés comme un risque important pour les habitants.

- La Chine détient le record de l'État ayant le plus grand nombre de pays voisins au monde ! Ils sont au nombre de 14… Inde, Pakistan, Afghanistan, Tadjikistan, Kirghizistan, Kazakhstan, Mongolie, Russie, Corée du Nord, Viêt Nam, Laos, Myanmar, Bhoutan et Népal.

Afrique

- Sais-tu que l'Afrique, traversée à la fois par l'équateur et le méridien de Greenwich, s'étend sur quatre hémisphères ?

- L'Antarctique est peut-être le plus grand désert du monde, mais le Sahara est le plus grand désert *chaud* du monde. Sais-tu qu'un quart seulement du Sahara est un désert de sable ? Le reste est principalement caillouteux, mais il y a aussi des montagnes et des oasis.

- Le sable du désert du Sahara est régulièrement transporté par le vent jusqu'à la forêt amazonienne, où il agit comme une sorte d'engrais pour les arbres et les plantes de la jungle. La poussière d'Afrique peut même atteindre la Floride en traversant l'océan Atlantique au gré des vents !

- Près de 95 % des diamants et 50 % de l'or du monde proviennent d'Afrique.

- Tu aimes le chocolat ? Eh bien, tu peux remercier l'Afrique de t'en fournir la plus grande partie ! Pas moins de 70 % des fèves de cacao, utilisées pour produire du chocolat, proviennent d'Afrique.

- Sais-tu que les premiers spécimens connus d'Homo sapiens, les êtres humains, sont originaires d'Afrique ? C'est pourquoi l'Afrique est surnommée "le berceau de l'humanité".

- Plus de 2 000 langues différentes sont parlées en Afrique ! Il doit être difficile de se faire comprendre lorsque l'on voyage sur ce continent.

- Quel est, selon toi, l'animal le plus dangereux d'Afrique ? Le lion ? La réponse pourrait te surprendre. Il s'agit de l'hippopotame ! Les hippopotames attaquent plus de personnes que n'importe quel autre animal sur le continent. Ne t'approche pas d'eux, si tu pars un jour en voyage en Afrique !

Amérique

- Le plus grand lac artificiel se trouve aux États-Unis. Il s'agit du lac Mead, dans le Nevada, qui s'étend sur 180 km et a une capacité de 35 milliards de mètres cubes, un littoral de 1221 km et une profondeur de 162 m.

- Le mont Thor, au Canada, possède la paroi verticale la plus haute du monde. Elle mesure 1250 mètres avec une inclinaison moyenne de 105°. Et quel nom en plus ! Celui d'un dieu de la mythologie nordique !

- Plus de 40 gratte-ciel à New York ont leur propre code postal, y compris l'Empire State Building. Les bâtiments reçoivent leur code postal, en fonction de leur hauteur et du nombre de personnes qui les occupent.

- La ville de Mexico s'enfonce lentement parce qu'elle a été construite sur l'emplacement d'un lac. Au cours des 60 dernières années, elle s'est enfoncée de près de trois mètres.

- L'Alaska est à la fois l'État le plus à l'est et le plus à l'ouest. Certaines parties de l'Alaska se situent dans l'hémisphère occidental, tandis que d'autres s'étendent dans l'hémisphère oriental.

- Hawaï est le seul État des États-Unis à cultiver le café à des fins commerciales. Son café Kona, unique en son genre, est très apprécié pour sa saveur et son riche arôme. Ce café est cultivé sur les pentes du Mauna Loa, l'un des cinq volcans qui forment la Grande île d'Hawaï. La combinaison du sol volcanique riche de l'île, du climat ensoleillé et des précipitations abondantes offre des conditions idéales pour la culture de ce café.

- Le Mexique bat l'Égypte en matière de taille de pyramides. La plus grande de toutes, Cholula, est située au Mexique !

- Le nom complet de Los Angeles est "El Pueblo de Nuestra Señora la Reina de Los Angeles de Porciuncula". Voilà un nom facile à retenir !

- Aux États-Unis, il existe un lieu appelé *Four Corners*, à l'intersection de quatre États : Utah, Arizona, Colorado et Nouveau-Mexique. As-tu déjà eu l'occasion de visiter quatre États en même temps ?

- Le Canada se trouve au sud de Détroit. Si tu regardes une carte, tu verras que la ville de Détroit est au nord du Canada, et tu dois aller vers le sud, pour rejoindre le Canada, tu peux vérifier par toi-même !

- La Vallée de la mort, en Californie, aux USA, a enregistré la température la plus élevée au monde. Le record certifié a officiellement atteint 56,7 °C le 10 juillet 1913.

- La fosse des Mariannes abrite certaines des créatures les plus extrêmes et les plus étranges au monde. Par exemple, en 2014, on a découvert le “poisson-escargot”, un poisson capable de résister à l’immense pression de l’eau, à une profondeur d’environ 10 928 mètres, à l’endroit le plus profond.

- Les États-Unis sont le pays qui compte le plus d’États au monde. Les États-Unis comptent 50 États, alors qu’en Europe, seule l’Allemagne est constituée d’États. Et elle n’en compte que 16.

- Sais-tu que la ville de Mexico a été construite sur un lac ? La capitale mexicaine est en effet située sur le bassin asséché du lac Texcoco.

- Le Kentucky, aux USA, est l’État qui abrite le plus grand nombre de grottes au monde. Elles sont connues sous le nom de Mammoth Cave et sont situées dans un parc national. Près de 650 km de grottes ont été explorés, mais le parc estime qu’il pourrait y en avoir 1 000 autres.

- Sais-tu qu’il est possible de se rendre à pied de la Russie aux États-Unis ? Au large de l’Alaska, il y a en effet deux îles qui appartiennent aux deux pays. La distance qui les sépare est d’un peu plus de trois kilomètres. Parfois, la mer gèle et il est possible de passer d’une île à l’autre à pied, et donc, d’un pays à l’autre, facilement !

- Aux États-Unis, il existe une ville qui ne compte qu'un seul citoyen. Il s'agit de Monowi, dans le Nebraska, dont Elsie Eiler, qui était âgée de 84 ans en 2020, est à la fois maire, bibliothécaire, secrétaire et trésorière. C'est la seule personne qui restait dans la petite ville, après le décès de son mari.

- Je parie que si tu penses à Hawaï, la neige est la dernière chose qui te vient à l'esprit. Mais sais-tu qu'il peut neiger à Hawaï ? Sur les volcans de plus de 3 000 m d'altitude, il peut y avoir de la neige. C'est le cas du Haleakala, du Mauna Loa et du Mauna Kea.

- Sais-tu que les œufs Kinder sont considérés comme illégaux aux États-Unis ? En effet, une loi de 1938 y interdit la vente de denrées alimentaires contenant des produits non comestibles.

- Le plus grand canyon du monde est le Grand Canyon en Arizona, aux USA, une immense gorge de 446 kilomètres de long, d'une profondeur allant jusqu'à 1 857 mètres et d'une largeur variant de 500 mètres à 29 kilomètres.

- La plus longue frontière internationale est celle entre les États-Unis et le Canada, longue de 8891 kilomètres. Imagine le nombre de postes de contrôle !

- Aux USA, la Californie est l'État le plus proche d'Hawaï, mais Hawaï est l'État le plus éloigné de la Californie. Tu peux briller en société, en sachant cela !

- Les ours polaires vivent dans le nord du Canada. La plupart vivent sur la glace autour des îles arctiques du Canada.

- En parlant du Canada, sais-tu que l'État de Californie compte à lui seul, plus d'habitants (environ 39,5 millions) que l'ensemble du Canada (environ 38 millions) ?

- Anchorage, en Alaska, est l'une des plus grandes plateformes aéroportuaires du monde, surtout pour le fret, car c'est le seul endroit situé, à la fois, à moins de 10 heures de l'Amérique du Nord, de l'Europe et de l'Asie !

- Dans l'Ohio, aux USA, il y a un endroit appelé Crystal Cave qui est rempli de… tu l'as deviné, de cristaux ! L'endroit n'est pas très grand, mais il l'est suffisamment pour qu'une trentaine de personnes puissent y entrer en même temps. Il s'agit d'une "géode", c'est-à-dire d'une cavité rocheuse tapissée de cristaux. Certains d'entre eux mesurent près d'un mètre de large et un demi-mètre de long.

- Le Canada compte plus de lacs que tout le reste du monde, avec 563 lacs. Près de 9 % de la superficie du Canada est recouverte par des lacs d'eau douce. Le plus grand s'appelle le lac Supérieur, un nom tout à fait approprié !

- Tu as sans doute entendu parler des célèbres chutes du Niagara aux États-Unis. En réalité, elles ne sont pas très hautes, à peine 50 mètres. Une chute d'eau très impressionnante est celle des Angel Falls au Venezuela, car c'est la plus haute du monde avec plus de 800 m de dénivelé. Ouah ! Ce n'est pas de là-haut que j'aimerais tomber !

- Cuba est la seule île des Caraïbes à posséder un chemin de fer. Longue de 29 km, elle relie La Havane à Santiago de Cuba.

- Aux États-Unis, dans la forêt nationale de Malheur, dans l'Oregon, se trouve un champignon géant dont le système racinaire s'étend sur près de neuf kilomètres carrés. Ce champignon est considéré comme le plus grand organisme vivant au monde.

❍ Si tu veux voir des arcs-en-ciel, tu peux aller à Hawaï ! L'absence de pollution atmosphérique et l'eau donnent régulièrement à Hawaï, de magnifiques arcs-en-ciel.

❍ Tu aimes le vélo ? Tu devrais te rendre au Canada où tu trouveras la plus longue piste cyclable du monde, 24 000 km de piste ininterrompue et sans voiture, reliant 15 000 communautés, du Labrador à Vancouver.

❍ L'oiseau officiel de Redondo Beach, en Californie, est le dirigeable Goodyear. Bien qu'il soit emblématique, il semble difficile de le classer parmi les oiseaux, et c'est pourtant ce qu'ils ont fait dans la ville californienne ! Au fait, sais-tu qu'il n'y a que dix dirigeables Goodyear dans le monde ?

Europe

❍ La Tour Eiffel, l'une des attractions les plus emblématiques de France, a été construite à l'origine comme structure temporaire pour l'Exposition universelle de 1889, à Paris. Après l'exposition, elle était sur le point d'être démolie, mais elle a été sauvée parce qu'elle était très pratique en tant que tour de radiodiffusion. Aujourd'hui, elle est l'un des monuments les plus visités et les plus reconnaissables au monde.

❍ La France est le pays le plus visité du monde grâce à Paris et à ses nombreuses attractions touristiques. Par ailleurs, ses montagnes ou ses villes côtières sont également très intéressantes. Y es-tu déjà allé ?

❍ La Suède est le seul pays au monde où le droit d'accès public, ou "Allemansrätten", permet à tout le monde de se promener librement dans la nature, de se baigner dans les lacs et les rivières et de camper pour la nuit, quel que soit le propriétaire du terrain.

- En Suède, les donneurs de sang reçoivent une notification lorsque leur sang est utilisé, ce qui leur montre que leur contribution a été utile. Ils reçoivent un SMS sympathique qui dit à peu près ceci : “Merci, le sang que vous avez donné est maintenant utile à un patient. Meilleures salutations, Centre du sang”.

- Sur les 221 800 îles qui constituent la Suède, seules 1 000 environ sont habitées. La Suède est le pays qui compte le plus grand nombre d’îles, mais presque personne n’y vit. Certaines ne sont même pas ouvertes au public.

- Le Vésuve est le seul volcan actif situé sur le continent européen, bien qu'il y ait d'autres volcans dans des pays comme l'Islande. Le Vésuve est connu depuis des siècles. Sa dernière éruption remonte à 1944 et, auparavant, à 1631. Il est surtout connu pour son éruption à l'époque romaine, qui a enseveli les villes de Pompéi et d'Herculanum. Les vestiges des maisons et des habitants de ces deux villes ont été découverts, à une époque plus récente car ils ont été préservés par les cendres du volcan.

- L'île des faisans, au Pays basque sur la côte Atlantique, change de souveraineté tous les six mois. L'Espagne la gouverne pendant six mois de l'année, puis la France pendant les six mois suivants. Si seulement tous les pays pouvaient conclure des accords aussi amicaux !

- Les gondoles vénitiennes ne peuvent être que noires. Cette couleur a été imposée à partir de 1609 à la suite de décrets du Sénat vénitien visant à limiter une décoration des gondoles excessive.

- La surface de la Russie est plus grande que celle de la planète Pluton. La surface de Pluton est de 16,7 millions de kilomètres carrés, tandis que celle de la Russie est d'un peu moins de 17,1 millions.

- La Russie est le plus grand pays du monde. Il te faudrait beaucoup de temps pour l'explorer ! Sa superficie totale est de 17 100 000 km^2, soit environ 11 % de la surface terrestre totale.

- Le chemin de fer russe traverse huit fuseaux horaires différents. Avec plus de 9 288 kilomètres, c'est la plus longue ligne ferroviaire directe du monde. Il a fallu 25 ans pour achever sa construction.

- En raison de sa forme, la Norvège se trouve au nord, au sud, à l'est et à l'ouest de la Finlande. Tu peux regarder une carte et constater par toi-même !

- La Norvège est l'endroit idéal pour voir le soleil de minuit. Il existe sur Terre des endroits proches de l'Arctique où il est possible de voir le soleil de minuit, et la Norvège est l'un d'eux. Le coucher et le lever du soleil ne font qu'un. C'est vraiment étrange !

- L'animal national de l'Écosse est la licorne. Dans la mythologie celtique, les licornes sont des symboles de pureté et d'innocence, mais aussi de masculinité et de puissance. Les licornes sont le sujet de nombreuses histoires, dont la plupart traitent de chevalerie et de domination, ce qui leur a permis de gagner leur place en tant qu'animal national de l'Écosse.

- Le vol le plus court du monde ne dure qu'une minute. Il dure exactement 57 secondes par beau temps et couvre une distance de seulement 2,7 km. Tu peux effectuer ce vol de Westray à Papa Westray, deux îles en Écosse.

- Toujours en Écosse, il existe 421 façons de dire le mot "neige". Parmi les exemples, citons "sneesl", qui signifie *commencer à neiger*, ou "feefle", qui signifie *tourbillonner,* pour des flocons, sans doute.

- Le Vatican est le plus petit État du monde. En réalité, la Cité du Vatican est à la fois une ville et un pays. Sa superficie n'est que de 440 000 m^2, soit moins d'un quart de celle du deuxième plus petit pays du monde, Monaco.

- L'Islande s'élève d'environ cinq centimètres chaque année. C'est dû au fait que les plaques tectoniques eurasienne et américaine se rencontrent dans la fissure volcanique de l'île. La fissure s'élargit à l'endroit où les plaques tectoniques se rencontrent.

- Istanbul est la seule grande ville au monde à être située sur deux continents différents. Une partie se trouve en Europe, l'autre en Asie. Elle est généralement considérée comme européenne, bien qu'une partie s'étende en Asie.

- L'Irlande est réputée pour la beauté de ses paysages verdoyants. Cela s'explique par le fait que le pays se trouve au milieu du Gulf Stream, qui amène des eaux chaudes depuis le Mexique. C'est pourquoi le climat de l'Irlande est généralement doux et les précipitations abondantes. Pas étonnant que les champs et les collines soient si beaux !

- L'Empire britannique a été l'un des plus grands de l'histoire mondiale, couvrant un territoire de 13,7 millions de kilomètres carrés. Cela représente près d'un quart de la surface des territoires de notre planète !

- Nous connaissons tous la Tour de Pise, n'est-ce pas ? Sais-tu qu'elle n'a jamais été droite ? Dès le début de sa construction, la tour a commencé à s'incliner en raison de l'instabilité du sol et de la faiblesse des fondations.

- Sais-tu qu'au Groenland, des plantes fossilisées se trouvent sous 1,4 km de glace ? Cela signifie qu'il n'y avait pas de glace au Groenland, lorsqu'elles ont poussé, probablement au cours du dernier million d'années.

- Nous pourrions penser que les îles Canaries portent le nom des oiseaux, les canaris, n'est-ce pas ? Mais en espagnol, le nom de l'île est Islas Canarias, qui vient du latin *Canariae Isulae*, qui signifie "îles des chiens".

- La ville la plus intéressante pour faire du vélo est Copenhague, qui est considérée comme la plus favorable aux cyclistes dans le monde ! Elle possède de nombreuses pistes cyclables et la plupart des gens se déplacent à pied ou avec leur vélo, plutôt qu'en voiture.

- L'Italie est le pays qui compte le plus grand nombre de sites inscrits au patrimoine mondial de l'UNESCO. Il y en a 55 reconnus et 12 présents sur la liste représentative du patrimoine culturel immatériel.

- En Allemagne, il existe un pont en Lego ! Il s'appelle Lego-Brücke. Il est situé à Wuppertal, dans la région de Rhénanie-Westphalie. Les blocs qui le composent sont des blocs Lego géants sur lesquels il est possible de marcher.

- Le roi d'Angleterre est le propriétaire de tous les cygnes du pays. En fait, le roi ou la reine ne les garde évidemment pas comme animaux de compagnie, mais s'ils voulaient un jour en revendiquer la propriété, ils pourraient très bien le faire.

Océanie

- Le plus long toponyme du monde est "Taumatawhakatangihangakoauau otamateaturipukakapikimaungahoronukupokaiwhenuakitanatahu". C'est le nom d'une colline en Nouvelle-Zélande. Avec un tel nom, ce devrait être une énorme montagne !

- Il existe des lacs roses en Australie. Cette couleur unique est due à un mélange d'algues, d'alobactéries et d'autres micro-organismes. Les lacs roses d'Australie sont aussi salés que la mer Morte. Que penserais-tu de t'y baigner ?

- L'Australie est célèbre pour son récif en forme de cœur qui fait partie de la Grande Barrière de Corail. C'est très joli !

- L'Australie est plus étendue que la lune. La lune a un diamètre d'environ 3 400 km, tandis que l'Australie a un diamètre de 4 000 kilomètres.

- La Papouasie-Nouvelle-Guinée détient le record du plus grand nombre de langues parlées dans un seul pays. En effet, 839 langues vivantes y sont parlées.

- L'Australie abrite les animaux les plus mortels du monde. On y trouve notamment le serpent le plus mortel et 20 des 25 serpents les plus venimeux. Elle abrite également certaines des dix espèces les plus venimeuses au monde, dont la méduse cubozoaire.

Antarctique

- L'Antarctique connait les températures les plus froides jamais enregistrées, soit - 89,6 °C, tandis que la température moyenne au pôle Sud est d'environ — 49 °C.

- L'Antarctique abrite environ 70 % de l'eau douce de la planète, sous forme de glaciers et d'inlandsis, une nappe de glace recouvrant la terre.

- Si tu t'intéresses aux météorites, l'Antarctique est l'endroit idéal pour en trouver ! Comme tout est blanc, les morceaux de roche venus de l'espace, qui ont tendance à être sombres, peuvent être facilement repérés. De plus, les glaces dérivantes transportant les météorites flottent dans les mêmes zones, ce qui les rend plus faciles à voir. Au cours des cent dernières années, plus de 45 000 météorites ont été trouvées.

- Grâce à la glace, l'Antarctique est le continent le plus élevé, avec une altitude moyenne de 2 300 mètres au-dessus du niveau de la mer. Malgré son environnement hostile, l'Antarctique abrite une grande variété d'animaux tels que les manchots, les phoques et les baleines, ainsi qu'un large éventail de micro-organismes.

Taille du globe

- Il existe une différence entre la géographie physique et la géographie culturelle. La géographie culturelle est également appelée géographie humaine parce qu'elle traite de la manière dont les hommes interagissent avec leur environnement. La géographie physique, quant à elle, se limite à l'aspect des paysages et des villes et à leurs caractéristiques.

- Il y a suffisamment d'or dans les profondeurs de la Terre pour la recouvrir entièrement, c'est du moins ce qu'estime le géologue Bernard Wood de l'université Macquarie, de Sydney en Australie. Selon lui, il pourrait y

avoir 1,6 quadrillion de tonnes d'or. Malheureusement, nous ne pouvons pas l'atteindre car il se serait enfoncé vers le centre de la Terre il y a des milliards d'années, lors de la formation de la planète.

- Le terme "géographie" a été inventé au IIIe siècle avant notre ère, par un Grec, Eratosthène, qui a inventé et mis au point un système de longitude et de latitude et réalisé une carte du monde connu. Bien sûr, il ne connaissait pas tous les pays ni même tous les continents, mais c'est tout de même un travail impressionnant.

- Le méridien d'origine, autrefois appelé méridien de Greenwich, du lieu par lequel il passe en Grande-Bretagne, détermine les fuseaux horaires des autres pays. Il établit l'heure UTC, de l'anglais "Coordinated Universal Time". L'UTC est l'heure de référence pour tous les pays et régions qui mesurent leurs fuseaux horaires à partir de cet étalon.

- L'Océanie est le plus petit continent du monde, tandis que l'Asie est le plus grand. Dans l'ordre du plus grand au plus petit, les continents sont l'Asie, l'Afrique, l'Amérique du Nord, l'Amérique du Sud, l'Antarctique, l'Europe et enfin l'Océanie.

- Malgré ce que l'on croit, le mont Everest n'est pas la plus haute montagne du monde. Le titre de plus haute montagne du monde lui revient à cause de ses 8 849 mètres au-dessus du niveau de la mer, mais la plus haute montagne du monde, mesurée à partir de sa base, située sous l'eau, est le volcan Mauna Kea, sur l'île d'Hawaï, totalisant 10 207 mètres.

- L'océan Pacifique se rétrécit d'environ un centimètre par an. Cela est dû au fait que les plaques tectoniques sur lesquelles reposent les Amériques sont poussées vers l'ouest.

- La mer des Sargasses est la seule mer sans littoral. C'est une mer définie non pas par les terres qui l'entourent, mais par les quatre courants océaniques qui la bordent. Elle est bordée par le courant nord-atlantique au nord, le Gulf Stream à l'ouest, le courant des Canaries à l'est et le courant équatorial nord-atlantique au sud.

❍ Le pôle Nord magnétique est en mouvement constant. Géographiquement, le pôle Nord est différent du pôle Nord magnétique, qui est connu sous le nom de vrai nord. Le pôle Nord magnétique se déplaçait autrefois d'environ 14,5 km par an, mais sa vitesse a récemment augmenté, pour atteindre 50 à 60 kilomètres par an.

❍ Le lieu le moins accessible de la planète est la Pointe Nemo. Il est officiellement connu sous le nom de "pôle océanique d'inaccessibilité". La pointe Nemo, dans l'océan Pacifique, est le point le plus éloigné du continent, entouré de plus de 1 600 km d'océan dans toutes les directions. Si tu te rendais à la Pointe Nemo, tu serais plus proche de la station spatiale que de n'importe quel pays ou île.

❍ Les continents se déplacent d'environ un centimètre par an et les responsables sont encore les plaques tectoniques, qui sont en mouvement constant et provoquent le déplacement des masses continentales.

❍ Sais-tu qu'il existe dans l'océan Pacifique un endroit appelé "Ceinture de feu" ? Il s'agit d'une série de volcans et de sites d'activité sismique, ou tremblements de terre, entourant les bords de l'océan Pacifique. Environ 90 % des tremblements de terre dans le monde se produisent le long de cette ceinture de feu, qui abrite environ 75 % de tous les volcans actifs.

❍ As-tu déjà entendu parler du triangle des Bermudes ? Il s'agit d'une partie de l'océan Atlantique au large de Miami, des Bermudes et de Porto Rico, où des dizaines d'avions et de navires ont disparu. Nombreux sont ceux qui avancent des explications parfaitement rationnelles, telles que le mauvais temps ou des accidents, mais d'autres ont émis l'hypothèse que les navires et les avions ont été enlevés par des OVNIS ou sont passés dans d'autres dimensions ! Les boussoles présentent également des dysfonctionnements importants dans cette région, ce qui rend la navigation difficile.

- Le centre du noyau terrestre est aussi chaud que la surface du soleil, soit environ 6 000 °C. La partie la plus chaude du noyau s'appelle la discontinuité de Bullen et c'est là que cette incroyable température est atteinte !

- Nous ne pouvons utiliser qu'une fraction de l'eau de la Terre. Cela semble étrange, étant donné qu'environ 70 % de notre planète est constituée d'eau. Mais la majeure partie de cette eau est salée ! L'homme ne peut utiliser que 0,007 % de l'eau de la Terre, c'est-à-dire celle des glaciers et des sources d'eau douce.

- L'océan Pacifique est le plus vaste de tous les océans et couvre quelque 63 millions de kilomètres carrés !

- Tous les continents de la Terre formaient autrefois un immense continent appelé la Pangée, au beau milieu de deux océans, Panthalassa et Téthys. C'était il y a des millions d'années, bien sûr. Au fil du temps, la Pangée a commencé à se désagréger et certaines parties se sont écartées et transformées, pour devenir les continents que nous connaissons aujourd'hui.

- Un aspect intéressant des déserts est que, malgré leur environnement aride et inhospitalier, ils abritent une étonnante variété de plantes et d'animaux, notamment des cactus, des plantes grasses, des reptiles, des oiseaux et même certains mammifères tels que les chameaux et les coyotes. Certaines de ces espèces ont mis en œuvre des stratégies d'adaptation uniques pour survivre à la chaleur extrême, notamment en stockant de l'eau dans leurs tissus ou en s'enfouissant sous terre pour échapper aux rayons intenses du soleil.

- La partie la plus profonde de l'océan est un endroit effrayant appelé "Challenger Deep", situé dans l'océan Pacifique et dont la profondeur est comprise entre 10 902 et 10 929 m. Les scientifiques ne connaissent pas encore toutes les créatures étranges qui peuvent peupler ces profondeurs.

- Le "Challenger Deep" est si profond que l'on pourrait y faire tenir l'Everest ! Bien sûr, l'Everest pourrait être un peu lourd à transporter jusque-là.

- Sais-tu qu'il existe en Islande, une ville appelée Hvítárvatn, considérée comme l'endroit habité le plus froid d'Europe ? La température peut descendre jusqu'à -40 °C en hiver, ce qui en fait l'un des endroits les plus extrêmes au monde. Malgré ces conditions difficiles, certains habitants courageux continuent de s'y sentir chez eux.

- Le pôle Nord — appelé pôle magnétique — se déplace parfois de 50 à 80 km en une journée. Cela s'explique par le fait qu'il réagit au noyau central de la Terre, contenant du fer.

- Certains pays, comme le Vatican, n'ont aucun accès à la mer ! Il y a actuellement 44 pays officiellement enclavés, et quatre autres qui ne sont pas officiellement reconnus par tous. Le Kazakhstan est le plus grand pays enclavé.

- La hauteur des montagnes de l'Himalaya augmente chaque année ! La cause est la même que celle qui fait déplacer les États et les continents, c'est-à-dire le mouvement des plaques tectoniques.

- Le mont Everest aurait récemment grandi ! La dernière mesure effectuée est en effet différente de la précédente. L'Everest s'est peut-être un peu élevé en raison du mouvement des plaques.

- Le mont Everest n'est pas la montagne la plus proche de l'espace, bien qu'elle soit la plus haute. Cela dépend de l'endroit où l'on se place. Le sommet du volcan Chimborazo, situé en Équateur, est le point de la Terre le plus proche de l'espace.

- Sais-tu que toute la population mondiale pourrait tenir confortablement à Los Angeles, si tout le monde se regroupait et se tenait côte à côte ? Cela ferait peut-être un peu de monde dans le même lieu !

- Les naissances de jumeaux sont de plus en plus fréquentes. Des études ont montré que le nombre de jumeaux nés au cours du siècle dernier n'a jamais été aussi élevé. Effectivement, 865 000 jumeaux de plus sont nés au cours des 30 dernières années, comparé aux 30 années précédentes.

- On ne peut pas acheter du coca-cola à Cuba. En raison de l'embargo commercial et des sanctions, cette boisson est illégale. Toutefois, certaines personnes parviennent tout de même à s'en procurer !

- Des études ont montré que l'Indonésie abrite certaines des personnes les plus petites du monde. Les hommes indonésiens mesurent en moyenne 1,63 m tandis que les femmes mesurent en moyenne 1,56 mètre.

- Sais-tu qu'environ 250 naissances ont lieu chaque minute ? Ou même 4,5 naissances par seconde. Cela représente plus de 130 millions de bébés par an !

- La population mondiale actuelle ne représente que 7 % du nombre total de personnes n'ayant jamais existé. Pensez à toutes les personnes qui ont vécu sur Terre !

- Le prénom le plus populaire au monde est Muhammad (Mohammed). On estime que 150 millions d'enfants ont reçu ce prénom en 2014. En arabe, cela signifie “celui qui reçoit la grâce” ou “celui qui est digne de louanges”.

- Seuls trois pays utilisent la couleur violette dans leur drapeau : le Nicaragua, le Salvador et la Dominique. Cela s’explique par le fait que la teinture violette était très chère autrefois et qu’il était difficile de fabriquer des drapeaux de cette couleur. La teinture violette était si chère qu’elle était généralement réservée aux rois et aux empereurs. Mais sais-tu que la teinture violette était fabriquée à partir du mucus d’escargots de mer ? Tout ceci n’est pas très royal !

- L’Afrique et l’Asie abritent près de 90 % de la population rurale mondiale. Le terme “rural” désigne ce qui est situé à la campagne plutôt que dans les villes. Actuellement, environ la moitié de l’Asie est constituée de villes, tandis que l’autre moitié est rurale. La majeure partie de l’Afrique est aussi rurale. Et toi, tu vis à la campagne ou en ville ?

- Certains pays sont très anciens, certains ont même des milliers d’années d’existence ! Mais sais-tu que le Sud-Soudan est le pays le plus jeune du monde ? Il n’a obtenu son indépendance qu’en 2011.

- Il existe plus de 24 fuseaux horaires dans le monde. À l’école, tu as peut-être appris qu’il n’y en avait que 24, mais certains fuseaux horaires ne diffèrent que d’environ 30 minutes. La différence est si minime qu’ils ne sont pas considérés comme de véritables fuseaux horaires. Mais si tu comptes, tu verras qu’il y en a beaucoup plus que 24 !

- Pas moins de 43 pays dans le monde sont une monarchie, avec une famille royale ! Il n’y a en tout que 28 familles qui règnent sur ces 43 pays. En effet, la famille royale du Royaume-Uni est également celle de 15 autres pays, dont l’Australie et le Canada !

- L’horloge démographique mondiale est un site web qui suit la population mondiale en temps réel. Ainsi, lorsqu’une personne naît, elle est ajoutée à l'horloge de la population mondiale, et comme environ 385 000 bébés naissent chaque jour, l'horloge est constamment mise à jour. Tu peux la consulter en ligne et observer son évolution.

- La langue la plus parlée au monde n'est pas l'anglais, mais le chinois mandarin ! En effet, la majeure partie de la population mondiale vit en Chine et parle le mandarin. Il est peut-être temps de commencer à l'apprendre ?

- Un homme sur 200 environ pourrait être un descendant de Gengis Khan. Les chercheurs estiment que cela représente environ 8 % des hommes, dont les origines lointaines se trouvent dans la région de l'ancien Empire mongol, qui s'étendait sur toute l'Asie.

- Seuls 41 pays considèrent la langue des signes comme une langue officielle. Vingt-six de ces pays se trouvent en Europe. Divers groupes de défense des droits de l'homme font campagne pour l'utilisation de la langue des signes dans le monde entier, allant même jusqu'à faire pression pour qu'elle soit enseignée dans les écoles.

- Seuls 86 % environ des adultes dans le monde sont alphabétisés, c'est-à-dire qu'ils savent lire et écrire, tandis que chez les jeunes de 15 à 24 ans, ce pourcentage s'élève à 91 %. Les hommes sont plus alphabétisés que les femmes, mais cette situation évolue rapidement grâce à la diffusion d'une éducation de plus en plus égalitaire.

- Tokyo est la ville la plus peuplée du monde, avec 37,4 millions d'habitants. Ce chiffre date de 2021. Attention, ce n'est pas la plus grande ville du monde, c'est simplement celle qui compte le plus d'habitants ! La plus grande ville de tous les temps est Eeyou James Bay, au Canada.

À bientôt ! Ton voyage à travers 1 000 découvertes se termine ici !

Ouah, tous ces faits sont vraiment incroyables, n'est-ce pas ? Quels sont tes préférés ? Je parie que certains t'ont paru vraiment stupéfiants ! N'est-il pas fascinant de penser à tout ce qu'il reste à découvrir sur notre univers. La lecture de ce livre t'a-t-elle donné envie d'en savoir plus ? Peut-être deviendras-tu le prochain grand scientifique, explorateur de l'espace, spécialiste des animaux, inventeur, star du sport ou personne célèbre qui réalisera un exploit extraordinaire ou bien, peut-être découvriras-tu quelque chose d'extraordinaire ! Tu l'as compris, l'univers regorge de choses étonnantes restant encore à découvrir !

Je te laisse jusqu'à la prochaine fois et je t'offre une dernière curiosité.

Aloha, en hawaïen, signifie à la fois bonjour et au revoir ! C'est donc un au revoir pour le moment, mais il se peut que nous nous retrouvions bientôt.

Aloha, Cher Lecteur et Ami !

Du contenu en prime

Nos cadeaux pour toi...

Abonne-toi à notre bulletin d'information et reçois ces documents gratuitement !

Scanne-moi.

www.specialartbooks.com/free-materials/

Suis-nous sur :

Instagram: @specialart_books
Groupe Facebook : Special Art
Site Web : www.specialartbooks.com

Impressum

Pour les questions, les réactions et les suggestions :
support@specialartbooks.com
Brice Brant, Special Art

www.specialartbooks.com

Cover Illustration realized by
Maria Francesca Perifano

Printed in France by Amazon
Brétigny-sur-Orge, FR

15703586R00112